Wilhelm Meyer

Ortsbeschreibung und Geschichte der Gemeinde Dübendorf

Wilhelm Meyer

Ortsbeschreibung und Geschichte der Gemeinde Dübendorf

ISBN/EAN: 9783743662377

Hergestellt in Europa, USA, Kanada, Australien, Japan

Cover: Foto ©ninafisch / pixelio.de

Weitere Bücher finden Sie auf **www.hansebooks.com**

Ortsbeschreibung und Geschichte

der Gemeinde

Dübendorf

von

Dr. Wilhelm Meyer.

Zürich
Druck: Art. Institut Orell Füssli
1898.

Ortsbeschreibung und Geschichte

der Gemeinde

Dübendorf.

von

Dr. Wilhelm Meyer.

Zürich
Druck. Act. Institut Orell Füssli
1898.

Inhaltsverzeichnis.

			Seite
Vorwort			V
1. Kapitel.	Ortsbeschreibung		1
2. „	Geologie		2
3. „	Allgemeine Übersicht der geschichtlichen Entwicklung		11
4. „	Die Kirche		15
5. „	Die Geistlichen in Dübendorf		20
6. „	Organisation des Kirchendienstes		28
7. „	Das Kirchengut. Der Zehnten		32
8. „	Die Ortschaft Dübendorf		52
9. „	Die Veste Dübelstein		56
10. „	Gfenn und Stettbach		59
11. „	Verfassung		64
12. „	Polizeiwesen		94
13. „	Finanzwesen		97
14. „	Schulwesen		116
15. „	Öffentliche Arbeiten		136
16. „	Überschwemmungen und Glattkorrektion		146
17. „	Gewitter- und Feuerschaden		149
18. „	Kriegswesen		155
19. „	Liebessteuern		171
20. „	Wohnungen und Beschäftigung		176
21. „	Vergnügungen und Volksfeste		185
22. „	Allgemeine Statistik		188
Schlußwort			192
Alphabetisches Register			194

Vorwort.

In den folgenden Blättern soll den Erlebnissen und Beobachtungen, die der Verfasser im Laufe von mehr als 30 Jahren über die Lokalität seines Wirkungskreises gesammelt hat, eine geologische und historische Grundlage gegeben werden.

Größere Werke, die die Entwicklung ganzer Staaten und deren wechselseitige Beziehungen zum Gegenstand haben, können das Werden und Wachsen einzelner Gemeinden nur kurz oder gar nicht berühren. Und doch bildet die Geschichte jeder Ortschaft, wie das Leben jedes Menschen einen wesentlichen Teil im Getriebe des großen Ganzen. Auch lassen sich die verschiedenen Erscheinungsformen des öffentlichen Lebens im engen Rahmen einer Gemeindechronik besser überblicken als die welterschütternden Ereignisse, von denen nur der kleinste Teil einer unmittelbaren Beobachtung zugänglich ist, während ihre Ursachen und Wirkungen sich sozusagen ins unendliche verlieren.

In Staaten mit demokratischer Verfassung hängt aber besonders das Gemeindeleben wesentlich davon ab, wie der einzelne Aktivbürger von seinem Stimmrechte Gebrauch macht und welche Kenntnisse er vom bisherigen Verlauf der öffentlichen Angelegenheiten besitzt. Die Vergangenheit lehrt uns, was für die Gegenwart wünschenswert und für die nächste Zukunft erreichbar sei.

Aber auch im häuslichen Leben kann ein Rückblick auf frühere Zeiten nicht ohne Nutzen sein, sofern er den Betrübten zum Trost, den Zaghaften zur Aufmunterung und den Vorwitzigen zur Warnung dient.

Unter diesem Gesichtspunkt ist die vorliegende Arbeit zu stande gekommen und der Konsumgenossenschaft Dübendorf zugestellt worden mit der Bestimmung, daß sie den Druck besorge und durch möglichst billigen Preis die Anschaffung für jedermann erleichtere. Von dem anderweitigen Wirken dieser Genossenschaft wird an geeigneter Stelle die Rede sein.

In der Anordnung und Einteilung des Stoffes hat sich der Verfasser kein bestimmtes Vorbild genommen; doch wurde nach möglichst klarer und allseitiger Darstellung des Wissenswerten getrachtet.

Als Hülfsquellen dienten dem geologischen Teil folgende Werke zur Grundlage:

    Heer, Urwelt der Schweiz;
    Wettstein, Geologie von Zürich und Umgebung;
    Christ, Pflanzenleben der Schweiz.

Für den historischen Teil mußten in erster Linie Urkunden aus den betreffenden Zeitabschnitten zu Rate gezogen werden, da die neuern Geschichtswerke unsern Gegenstand entweder nur im allgemeinen berühren oder sogar zum Teil unrichtige Angaben enthalten.

Zur Klarstellung des Zusammenhanges wurden ferner die nachbenannten Werke benützt:

    Dändliker, Geschichte der Schweiz;
    Hottinger und Schwab, Ritterburgen und Bergschlösser der Schweiz;
    Bluntschli, Geschichte der Republik Zürich;
    Mitteilungen der zürch. Gesellschaft für vaterländische Altertümer, XIX 1853;
    Nüscheler, Gotteshäuser der Schweiz;
    Strickler, Geschichte der Gemeinde Horgen;
    Heß, David, Salomon Landolt;
    Bremi, Das durchstochene Ohr;
    Frei, Vogel und v. Escher, Memorabilia Tigurina 1841—1870;
    Schrämli, Bevölkerungsstatistik des Kantons Zürich;
    Neujahrsblätter der Zürch. Feuerwerkergesellschaft;
    Zürcher Taschenbuch.

Der gründlichste Kenner schweizerischer Geschichte, Professor Georg v. Wyß, hatte noch in seinem letzten Lebensjahre (1893) die Güte, vorliegende Arbeit durchzusehen und nach sehr wohlwollender Beurteilung des ganzen den Verfasser auf einige der Verbesserung bedürftige Stellen aufmerksam zu machen.

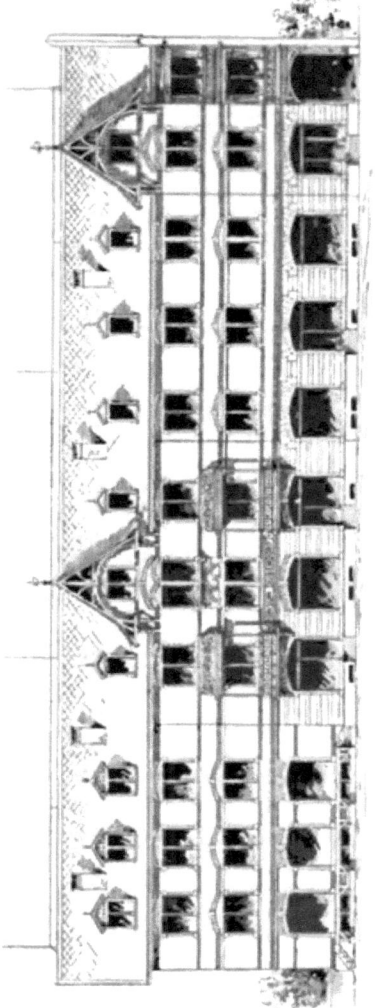

Das Konsumgebäude in Düsseldorf.

I. Kapitel.

Ortsbeschreibung.

Die Gemeinde Dübendorf, im Mittelpunkt des Kantons Zürich und am nordwestlichen Ende des Bezirkes Uster gelegen, hat einen Flächenraum von circa 16 Quadratkilometer und grenzt nördlich an Wallisellen und Dietlikon, östlich an Wangen, Volketsweil und Schwerzenbach, südlich an Fällanden und westlich an die Stadt Zürich und an Schwamendingen.

Die größte Häusermasse und den Mittelpunkt des Verkehrs bildet das Unterdorf samt Oberdorf und Weil. Zu letzterem gehören noch Eigenthal, Schloßbreite, Loore, Fallmen und Werle. Am Bergabhang liegen die Höfe Schloß (Dübelstein), Gehren, Gockhausen, Kämmaten und Stettbach, an der Ostgrenze das Gfenn und im Süden Hermikon. Am rechten Glattufer unterscheidet man nächst den zwei letztgenannten Ortschaften das Ilsch, das Bettli und den Grund, der am Kriesbach seinen Abschluß findet. Jenseits des letztern erhebt sich das Gelände bis zur Fuchshütte an der Grenze gegen Dietlikon. Die Landstraße vom „Städtli" bis zur „Hoffnung" heißt Neuweg. (S. Straßenwesen.)

Wer von Zürich aus über den Adlisberg die Ruine des ehemaligen Schlosses Dübelstein besucht, hat hier einen hübschen Ausblick über das Dorf mit seinen saubern, zwischen zahlreichen Obstbäumen versteckten Häusern, aus denen im Weil die Kirche, im Unterdorf das Schulhaus und einige Fabrikgebäude besonders hervorragen, sowie in letzter Zeit der Neubau der Konsumgenossenschaft.

Das Glatthal ist hier ungefähr eine halbe Stunde breit und wird einerseits vom Greifensee, anderseits von sanft ansteigenden Hügelreihen umschlossen, hinter denen die Hörnli- und Allmannkette mit Bachtel, Schnebelhorn, Schauenberg und Kyburg sich erheben. Am äußersten Horizont sind bei hellem Wetter der Glärnisch, Mürtschenstock, Speer, Säntis und im Norden der Irchel und Randen sichtbar.

Auf der Eisenbahnstation, 442 Meter ü. M., reicht der Blick gegen Südosten bis an den Bachtel, gegen Nordwesten trifft er die Lägern und das in der Morgensonne hell glänzende Städtchen Regensberg, so daß wir fast die ganze Länge des Kantons vor Augen haben. Ein umfangreiches Hochgebirgspanorama, namentlich in der Richtung des Walensees und Linththals, gewährt die sonst so einförmige Straße über das Wangener Ried.

Diesem Bilde aus der Gegenwart wollen wir eine Darstellung der von der Natur gegebenen Grundlagen anreihen und darauf die eigentliche Geschichte, die Schicksale und Thaten der Einwohnerschaft von den ersten Anfängen bis auf unsre Tage folgen lassen.

2. Kapitel.

Geologie.

Der Boden. In der Geschichte einer bestimmten Örtlichkeit muß unstreitig der Boden, auf dem die weitern Ereignisse sich abspielten, die erste Stelle einnehmen; war er doch (in seinen wesentlichen Teilen) schon früher vorhanden als die ersten menschlichen Ansiedler, deren Leben und Treiben zunächst von der Beschaffenheit und den Erzeugnissen ihrer Wohnstätte abhing.

Soweit die Gestaltung der Erdoberfläche von den Geologen erforscht ist, nimmt man allgemein an, der größte Teil des nordschweizerischen Flachlandes sei gebildet worden:

1. Durch Niederschläge eines Meeres, das in frühester Zeit bis an die Alpen reichte;

2. Durch Anschwemmung von Geröll und Sand aus dem Alpengebirge;

3. Durch Ablagerung von Felstrümmern, die, ebenfalls aus den Alpen stammend, auf weit ausgedehnten Gletschern in unsre Gegend gelangt sind.

Als Beweis für die zwei erstgenannten Vorgänge dienen die an vielen Orten vorgefundenen Versteinerungen von Tieren und Pflanzen, aus deren Ähnlichkeit mit den jetzigen Formen die Lebensbedingungen der erstern erschlossen werden konnten.

Mit staunenswerter Gründlichkeit hat Oswald Heer in seiner „Urwelt der Schweiz" nachgewiesen, was für Pflanzen und Tiere[1] dem Festland, was für andre den Strandgebieten, den Bächen und Flüssen oder endlich dem Meere angehören.

Die Lehre vom Gletscherschutt beruht auf folgenden Thatsachen:

Die höchsten Bergspitzen der Alpen sind auch im Hochsommer von unabsehbaren Schneemassen umgeben, welche die anliegenden Mulden und Thalkessel ausfüllen. Indem sie vermöge ihrer Schwere zusammensinken und sich der Schnee zu Eis verdichtet, entstehen die Gletscher. Diese rutschen, sobald sie einen gewissen Umfang erreicht haben, auf der abschüssigen Thalsohle allmählich abwärts in tiefer gelegene Gegenden, wo sie durch die Sonnenwärme zum Abschmelzen gebracht werden. Von oben her ergänzen sie sich während des Winters durch neue Schneefälle. Der Gletscher ist also in steter Bewegung begriffen.

Durch Verwitterung der Felsen, die ihn überragen, gelangen fortwährend Steintrümmer auf die obere Fläche des Gletschers, die seiner Bewegung folgen und von hinten her durch andere ersetzt werden. Sie häufen sich so zu langen Wällen an, oder dringen durch Spalten des Gletschers in die Tiefe und werden auf dem Untergrunde fortgeschoben und allmählich abgeschliffen oder zermalmt.

[1] Die jene Versteinerungen uns zeigen.

All diese Felstrümmer, die auf die Gletscher niederstürzen und auf oder unter diesen weiter transportiert werden, faßt man unter dem Namen Erratikum, Moränen und Findlinge zusammen.

Die langen Wälle längs des Gletscherrandes werden Seitenmoränen genannt; wo durch Vereinigung zweier Thäler die einander zugekehrten Seitenmoränen in eine Linie zusammenfließen, nennt man diese eine Mittelmoräne. Durch das Abschmelzen des untern (vordern) Gletscherrandes fallen die daselbst angehäuften Steinmassen der Seiten- und Mittelmoränen zur Erde und bilden da einen bogenförmigen, thalabwärts vorspringenden Wall: die Endmoräne.

Unter Grundmoräne versteht man die unter den Gletscher eingedrungenen und zwischen ihm und dem Erdboden fortgeschobenen Felstrümmer.

Als Findlinge bezeichnet man große, in ihrer Gestalt wenig veränderte Blöcke, die in einer von ihrem Ursprung weit entlegenen Gegend abgesetzt wurden, wohin sie ihrer Form, Größe und Lage nach nur durch Gletschertransport gelangt sein können.

Was soeben über das Wachsen und Abschmelzen der Gletscher, wie auch über die von ihnen fortgeführten Steintrümmer gesagt wurde, stellt sich dem Beobachter als ein so regelmäßiger und uralter Vorgang dar, daß wir weder für seine räumliche noch zeitliche Ausdehnung eine Schranke zu bestimmen vermögen.

Die auffallende Übereinstimmung zwischen der beschriebenen Moränenbildung in den Hochalpen und der Gestalt und innern Beschaffenheit mancher Hügel und Höhenzüge des Flachlandes hat daher die bedeutendsten Naturforscher zu der heute allgemein gültigen Schlußfolgerung geführt, es sei das Gebiet der jetzigen Schweiz und auch anderer Länder in frühern Weltaltern zu einem großen Teile von Eismassen bedeckt gewesen, die von den Quellen der größten Flüsse aus sich bis ins Tiefland erstreckten und aus den Gebirgsstöcken jener Quellgebiete teils gewaltige Felsblöcke, teils Haufen von kleinen Trümmern der Ebene zugeführt haben. Die Verteilung der selben weist darauf hin, daß eine solche Vergletscherung in drei verschiedenen Malen erfolgt sei.

Für unsere besondere Aufgabe entnehmen wir dem oben citierten Werke von Heer und der trefflichen „Geologie von Zürich und Umgebung" von A. Wetstein[1]) das folgende:

Von Meeresniederschlägen geben in der Nordschweiz die Salzlager der Kantone Aargau und Baselland, sowie das Juragebirge, das im Kanton Zürich unter dem Namen Lägern erscheint, Zeugnis.

Über diesem ehemaligen Meeresboden, d. h. in dem Raume zwischen der Jurakette und den Voralpen breitete sich später ein großer Süßwassersee aus, dessen Zuflüsse eine Menge von Geröll, Sand und Mergel am Grunde desselben ablagerten. Nachdem dieser See vermutlich am Juragebirge seine Schranken durchbrochen hatte und größtenteils abgeflossen war, verdichtete sich der eintrocknende Schlamm zu Sandstein, das Geröll bildete stellenweise umfangreiche Kiesbänke. Man hat die Gesamtheit dieser Niederschläge als obere Süßwassermolasse bezeichnet. Dieselbe überzieht den größten Teil der Nordostschweiz und liefert an einigen Orten einen harten, festen Baustein, wogegen z. B. im Centrum des Kantons Zürich ihr Gefüge so locker ist, daß sie sehr leicht verwittert und an steilen Abhängen zu Rutschungen des sie bedeckenden Erdreichs Anlaß giebt.

Diese Molasse muß ursprünglich eine bedeutende Mächtigkeit gehabt haben, wurde aber durch zufließende Bäche eingeschnitten und zu breiten Thälern ausgewaschen, so daß sie jetzt nur noch stellenweise ihre ursprüngliche Höhe besitzt. Diese erhielt sich noch in der Sandsteinmasse, welche den Zürichberg bildet und in Dübendorf am „tiefen Weg" nach Gokhausen, sowie an beiden Seiten des Tobels zwischen Schloß und Gehren als nackter Fels zu Tage tritt.

Aus den Geröllagern, welche den Untergrund des Asch und fast des ganzen Dorfes bilden, gewinnt man reichliche Mengen von Straßenkies.

Die Süßwassermolasse ist also im Bereich der Gemeinde Dübendorf als ältestes Glied des Erdbodens aufzufassen.

---
[1]) Alexander Wetstein, 1887 auf der Jungfrau verunglückt.

In der Ebene wird der Molasseboden teilweise von Gletscherschutt, zunächst in Form einer Grundmoräne, bedeckt. Da diese aus ungleichartigem Material sich gebildet hat, ist ihre Oberfläche nicht wie bei Schwemmboden horizontal, sondern enthält hie und da muldenförmige Vertiefungen, in denen das Wasser stagniert. Daraus läßt sich die Entstehung der Torflager im nördlichen Teil der Gemeinde Dübendorf zu beiden Seiten der Glatt erklären. Den Hergang bei der Torfbildung haben wir uns nach Heer in folgender Weise zu denken:

Alles organische Leben beginnt mit unendlich kleinen Gebilden, die sich in unermeßlicher Zahl vermehren und von Wind und Wasser überallhin verschleppt werden. Geraten nun solche Pflänzchen auf ein stehendes Wasser oder an dessen Ufer, so bilden sie da zunächst eine Trübung, die nach und nach bestimmtere Gestalt annimmt und jene grünen schleimigen Massen darstellt, die man irrtümlich als Froschlaich bezeichnet hat.[1]) In diesen fangen sich die Samen anderer Pflanzen, namentlich der Sumpf- und Riedgräser, und keimen daselbst, indem sie lange Wurzeln in das Wasser treiben. Es entsteht dadurch allmählich ein dichtes filziges Geflecht, ein schwimmender Rasen, der zuletzt die ganze Wassermasse überzieht, so daß aus dem frühern See oder Teich ein mehr oder weniger fester Sumpfboden hervorgeht. Während nun immer neue Pflanzen sich da ansiedeln, sterben die ältern allmählich ab und vermodern unter dem Wasser, gegen Luftzutritt geschützt, zu Torf.

Eine Endmoräne bildet den Hügelzug vom Gfenn ins Usch und über die Buhn gegen Fällanden hin. Sie ist durchbrochen von der Glatt und von der neuen Hermiker Straße. Auch der Bettlibuck, die Hügelreihen nördlich der Eisenbahnstation und zwischen Stettbach und der Hauptstraße sind als Moränenwälle aufzufassen. Am Durchlaß für die neue Hermiker Straße, in der Nähe der Schloßbreite und in der Böszelg sind diese Wälle abgedeckt, und wir sehen darin eckige, nicht abgerundete Steine von sehr verschiedener Größe und bald weiß-

[1]) Es sind Algen oder Wasserpflanzen der einfachsten Form, die sich als lange Fäden an einander reihen.

grauer, bald rötlicher Farbe, die sich sowohl durch das Aussehen wie durch die weit größere Härte vom Sandsteinfelsen des Zürichbergs unterscheiden.

Es sind teils Kalksteine, teils Kiesel und Sernifit (roter Ackerstein). Da diese Gesteinsarten im zürcherischen Tiefland nur als zerstreute Trümmer vorkommen, im Kanton Glarus aber, namentlich zu beiden Seiten des Linth- und Sernfthales, ganze Gebirgsstöcke bilden, von wo sich bis in unsere Gegend, sowie längs des Zürichsees erratische Bildungen gleicher Art verfolgen lassen, — so leitet man dieselben von einem umfangreichen Linthgletscher her, der im Glatt-thal eine Endmoräne gebildet hatte. (Vgl. unten: Das Wasser.)

Eine Anzahl kleinerer Moränenwälle in hiesiger Gegend sind im Laufe der Jahre zur Gewinnung von Bausteinen abgetragen worden. Dasselbe Schicksal traf bei Anlaß der Glattkorrektion viele der gewaltigen Sernifitblöcke am Abhang des Fällander Berges.

Es mag noch zur Bekräftigung der eben besprochenen Gletschertheorie erwähnt werden, daß auf den als Grundmoränen bezeichneten Stellen speziell in Dübendorf einige seltenere Pflanzen gefunden worden sind, die sonst den Voralpen angehören und nur ausnahmsweise in die Ebene vordringen.

Nach Hegetschweiler (Flora der Schweiz) und Christ (Pflanzenleben d. Schw.) sind es Utricularia neglecta, intermedia und minor. — Potamogeton plantagineus. — Lysimachia thyrsiflora. — Sparganium natans. — Carex pilulifera, maxima und pseudocyperus.

Die jüngste Bodenbedeckung unsrer Gegend bildet das Bachgeröll, das besonders vom Gothauser- und Sagentobelbach östlich von Stettbach in großem Umfang ausgebreitet ist und im Jahr 1876 eine neue Auflage erfahren hat.

Das Wasser. Die geologische Beschaffenheit des Sihlthals, der Zürichseeufer und des Glattthals weist darauf hin, daß die Sihl in früherer Zeit von der Schindellegi aus sich ins Thal des Zürichsees ergossen habe, die Linth hingegen, anstatt sich in der Gegend von Rapperswil noch weiter westwärts zu wenden, gerade nach Norden geströmt sei, woraus die breite und flache Gestalt des jetzigen Glattthals sich erklären ließe.

Eine geringe Erhebung des Molassebodens in der Gegend von Hombrechtikon genügte zur spätern Ablenkung der Linthgewässer in das Becken des Zürichsees, die Sihl hingegen wurde durch Ablagerung einer Moräne am linken Rande des Linthgletschers gegen den Nordabhang des hohen Rhonen gedrängt und schnitt sich von da ein eigenes Bett in die Molasse und den darüber liegenden Gletscherschutt.

Das Glattthal im ganzen wäre demnach vor dem Eintritt der Eiszeit ein sehr breites, größtenteils ausgetrocknetes Flußbett gewesen, über welches dann der große Linthgletscher sich ausbreitete. Aus der von ihm hinterlassenen Grundmoräne ergiebt sich, daß er in der ersten Eiszeit bis an die Lägern reichte.

Die Grenze der letzten Vergletscherung wird durch die dem Greifensee vorliegende Endmoräne bezeichnet.

Diese kann wohl geradezu als Ursache der Seebildung aufgefaßt werden. Indem sie nämlich den Abfluß des Gletscherwassers hemmte, mußte dieses sich hinter dem Damme anstauen und konnte nur an dessen schwächster Stelle einen schmalen Ausweg finden.

In gleicher Weise durchbricht die Limmat eine Endmoräne am untern Ende des Zürichsees. Der größere Abstand zwischen dem Ende des Greifensees bei Schwerzenbach und dem Moränenwall erklärt sich aus der Geschiebablagerung von seiten der zufließenden Bergbäche und aus dem schwachen Gefäll der Glatt.

Da die Bachgeschiebe nur von der linken Thalseite herkommen, haben sie oberhalb (hinter) der Endmoräne das Seebeet dergestalt erhöht und am untern Ende sogar ausgefüllt, daß die Glatt ganz nach der rechten Thalseite gedrängt wurde.

In der Lücke zwischen den Moränenwällen des Gumpisbühl und der Fuchshütte tritt die Grundmoräne des Wangnerrieds mit derjenigen des eigentlichen Glattthals in Verbindung, so daß der Kriesbach sich in die Glatt ergießt.

Die Bergbäche, deren Geschiebe, wie oben bemerkt, den Thalboden angefüllt und den Ausfluß des Greifensees nach rechts abgedrängt haben, stammen aus der Höhe des Zürichbergs.

Erst in neuester Zeit wurden daselbst noch weitere Quellen entdeckt und zu einer Wasserversorgung benützt, nachdem sich die Gemeinde Jahrhunderte lang fast nur mit Sodbrunnen beholfen hatte. (S. Kapitel 15.)

Wir können uns vorstellen, daß das jetzige Gebiet der Gemeinde Dübendorf in der Zeit, wo es noch nicht von Menschen bewohnt war, folgendes Bild darbot:

Nicht allein den Bergabhang, sondern die ganze Thalfläche bedeckte ein dichter Wald von Buchen, Hagebuchen, Eschen, Eichen, Ahornen, Zitterpappeln, Linden, Rottannen und Föhren. Aus einer Seebucht, die in den südlichsten Teil dieses Waldes hineinragte, zog sich in vielfachen Windungen ein langsam hinschleichendes Flüßchen, dessen sumpfige Ufer mit Riedgräsern und Schilfrohr, mit dem lieblichen Sonnentau und weiß gefranzten Bitterklee, mit buntfarbigen Orchideen im Schatten von Weiden, Birken und Erlen bewachsen waren. Den Fluß belebten zahlreiche Fische, unter denen Hecht und Aal sich durch Größe vor allen andern hervorthaten. In den sumpfigen Gründen suchte der Storch nach Fröschen und Nattern, in abgestorbenen Baumstämmen hausten die fleißigen Ameisen und honigbereitenden Bienen; der Fuchs und Dachs fanden im Waldesdickicht ihre Wohnung und Beute, in den Baumwipfeln nisteten zahlreiche Singvögel und machten eifrig Jagd auf allerlei Insekten, wurden aber selbst wieder ein Raub der die Luft durchkreisenden Falken und Sperber.

Von dieser malerischen Wildnis sind wenige Spuren bis auf unsere Tage geblieben.

Die Bergbäche haben durch Zufuhr von Steingeröll den Seespiegel nach Süden und Osten zurückgedrängt und künstliche Dämme seinem Abfluß eine geradere Richtung und größere Schnelligkeit verliehen.

Der Wald beschränkt sich auf den Bergabhang um die Höfe Dübelstein, Gehren und Gockhausen und wird durch regelmäßigen Holzschlag fortwährend verjüngt, so daß sich nirgends mehr eine 100jährige Eiche oder Buche finden dürfte. In der Ebene erinnert kaum noch die kleine Baumgruppe, genannt Schöörli, an der Kreuzung der Eisenbahn mit der Landstraße, dann die vereinzelten Eichen zwischen Gfenn und Wangen, die wenigen Birken und Tonnen im Bettli — an den ehemaligen Urwald. Schon längst sind die von ihm gelieferten Baumstämme verbaut, die Äste verbrannt worden. Die Erzeugnisse des sorgfältig bearbeiteten Bodens liefern Nahrung für Menschen und Vieh, aus den ehemaligen Sümpfen wird als wertvolles Brennmaterial der Torf gewonnen, die Steine aus den Moränenwällen haben vielfach zum Häuser-, Straßen- und Uferbau gedient.

Selbst die Tierwelt hat der fortschreitenden Kultur ihren Tribut entrichten müssen. Kaum lohnen noch die wenigen Raubtiere und Hasen die Mühe des mordlustigen Jägers, und der friedliche Wanderer begegnet nur selten einem Storch, Reiher, Wiesel oder Eichhörnchen.

Wie diese durchgreifenden Veränderungen im Laufe vieler Jahrhunderte zustande gekommen sind, wollen wir auf den folgenden Blättern nachzuweisen versuchen.

3. Kapitel.

Allgemeine Übersicht der geschichtlichen Entwicklung.

Die Zeit der ersten menschlichen Niederlassungen läßt sich für das Gebiet der jetzigen Gemeinde Dübendorf ebensowenig feststellen, als für andere Landesteile. Aus dem Altertum sind nur wenige Spuren gefunden worden.

Der um die Erforschung vaterländischer Altertümer vor allen verdiente Dr. Ferdinand Keller in Zürich sah die Umfassungs- und Scheidemauern eines Hauses aus der Römerzeit. Scherben, Heizröhren, Ziegel, eine Wasserleitung und Münzen bewiesen, daß ein ziemlicher Teil des Dorfes auf römischen Ruinen, die besonders in der Nähe der Kirche in zahlreichen Trümmern gefunden wurden, erbaut ist. Bei dem sogen. Keibenbühl südlich von der Kirche hat man Allemannengräber entdeckt. (Gef. Mitteilung von Hrn. Sekundarlehrer Heierli.)

In einer Urkunde vom Jahre 946 wird eine Ortschaft am Ostabhang des Zürichbergs mit dem Namen Tuobilndorf bezeichnet. Man kann dieser ursprünglichen Schreibart die Bedeutung „Dorf am Tobel" beilegen (P. Schweizer) — oder sie von einem Personennamen Tuobilo herleiten, der sich auf ein allemannisches Familien- oder Stammeshaupt bezieht. Die letztere Auffassung entspricht mehr dem auf der Höhe, nicht in einer Schlucht gelegenen Tobelhof, der lange Zeit zur Gemeinde Dübendorf gehörte. Ihm gegenüber auf der andern Seite von Zürich saß Uotilo, woher der Name Ütliberg. (G. v. Wyß.)

Spätere Schriftstücke führen durch die Zwischenformen Thübiln-
dorf, Düblindorff, Dübelndorf zur jetzigen Benennung Dübendorf.

Der Inhalt vorerwähnter Urkunde, ein Zehntenstreit zwischen
Großmünster und Peter, setzt den Bestand einer Kirche voraus, die
somit wohl eines der ältesten Gotteshäuser des Kantons Zürich war.
Dieselbe nahm wahscheinlich die gleiche Stelle ein wie unsere jetzige
Kirche, wenigstens liegen keine Berichte von einer Verlegung, sondern
nur von Vergrößerung des Kirchgebäudes vor, und noch am Ende
des 18. Jahrhunderts hat man auf dem Kirchhof die Reste eines
Beinhauses gefunden.

Im Mittelalter gehörte der landwirtschaftliche Grundbesitz größtenteils dem Adel und der Geistlichkeit. Diese bevorrechteten Stände
betrachteten nicht allein den Boden ihres Gebietes, sondern auch
dessen Bewohner als ihr Eigentum, womit sie nach Belieben schalten
und walten konnten. Aber auch die freien Bauern unterwarfen sich
oft den mächtigeren Herren, um deren Schutz zu genießen und den
Lasten des öffentlichen Kriegsdienstes zu entgehen.

Die kriegerischen Grafen, Herren und Ritter kamen nicht selten
durch gegenseitige Befehdung, Teilnahme an größern Feldzügen und
mangelhafte Bewirtschaftung ihrer Güter in Geldverlegenheit. Dann
verkauften oder verpfändeten sie Land und Leute an reiche Klöster
oder an die durch Handel und Gewerbe zu großem Wohlstand
gelangten Städte. Auch suchte mancher alte Haudegen nach einem
räuberischen und lasterhaften Leben die Beruhigung seines Gewissens
und das Heil seiner Seele dadurch zu erkaufen, daß er seine zeitlichen
Güter einem Kloster schenkte, in welchem er dann den Rest seiner
Tage unter Fasten und Bußübungen verbrachte.

Von den neuen Besitzern der zum Teil weit entlegenen Grundstücke wurden Verwalter angestellt, denen die Aufsicht über den Feld-
bau, der Bezug der Gefälle und die niedere Gerichtsbarkeit über die
zu den Gütern gehörigen Leute oblag. Diese Verwalter wurden
„Meier" genannt und besorgten in größern Herrschaften nur Gericht
und Polizei, während ein „Keller" die Einkünfte entgegennahm.
Das Amt des Meiers wurde häufiger als das des Kellers erblich.

Ihre Amtswohnungen hießen Meiershof und Kelhof und sind an manchen Orten, z. B. auch in Dübendorf, jetzt noch nachweisbar.

Als ältester Besitzer von Liegenschaften in Dübendorf ist das Kloster Reichenau im Untersee unweit Konstanz bezeichnet. Von diesem gingen sie teils lehensweise, teils durch Kauf an die Grafen von Rapperswyl, dann an das Ritterhaus Bubikon, später an Bürger der Stadt Zürich und endlich an solche von Dübendorf und Umgebung über. (S. Kap. 7.)

Einem aktiven Auftreten der Gemeinde Dübendorf begegnen wir erst im Jahr 1468 in einem Vertrag mit der Stadt Zürich betr. Brückenbaute.

Derselben Zeit entstammt die „Offnung", das erste Aktenstück, welches die Rechtsverhältnisse der Gemeinde feststellt. Im Zusammenhang mit derselben wird als Reichsvogt Hans Waldmann, der berühmte Bürgermeister von Zürich und Besitzer des Schlosses Dübelstein genannt.

Nachdem dieser die Vogtei an die Stadt Zürich übergeben hatte, kamen die einzelnen Zweige des öffentlichen Lebens erst zur rechten Entwicklung, wozu nach weitern 30 Jahren die Kirchenreformation wesentlich mitwirkte. Wir verdanken die meisten Angaben über die Geschichte Dübendorfs vom 15. bis zu Ende des 18. Jahrhunderts den Urteilsprotokollen der Obervögte und den Pfrundakten der reformierten Geistlichen.

Das Jahr 1798 brachte infolge der französischen Staatsumwälzung die Schweiz dem Untergange nahe. Nachdem sie durch den Einfall fremder Kriegsheere und durch innere Zwistigkeiten in jeder Hinsicht schweren Schaden erlitten hatte, mußte ihre politische Gestaltung auf ganz neuen Grundlagen aufgebaut werden. Im Kanton Zürich verlor die Hauptstadt ihre Vorrechte gegenüber der Landschaft, und die Gemeinden gelangten zur Selbstverwaltung, immerhin unter Aufsicht der kantonalen Behörden.

Der Verwirklichung dieses Fortschrittes stand neben andern Hindernissen zunächst noch der Umstand im Wege, daß sich nicht sofort Leute fanden, die für Buchführung und Rechnungswesen die nötige Vorbildung besaßen. Erst nachdem durch Errichtung eines Lehrerseminars das Volksschulwesen gründlich umgestaltet war, konnte der amtliche Geschäftsgang in den Landgemeinden eine gewisse Regelmäßigkeit erlangen.

In den folgenden Kapiteln sollen die einzelnen Erscheinungsformen des öffentlichen Lebens und ihr Einfluß auf die häuslichen Verhältnisse der Einwohnerschaft von den ersten Anfängen bis zur Gegenwart besprochen werden.

4. Kapitel.

Die Kirche.

Wir stellen das Kapitel Kirche nicht allein darum den übrigen voran, weil die ältesten Überlieferungen des Namens Dübendorf damit verknüpft sind, sondern namentlich auch im Hinblick auf den gewaltigen Einfluß, den die Geistlichkeit sowohl vor als nach der Reformation auf die Entwicklung der Gemeinde ausgeübt hat.

Schon die Umgestaltungen des Kirchgebäudes verdienen unsere Aufmerksamkeit, obwohl wir erst aus dem 17. Jahrhundert Nachrichten darüber besitzen.

Im Jahre 1630 wird die Stiftung einer Kirchenthüre erwähnt (s. Kapitel 7, das Kirchengut S. 39).

Sodann schreibt unterm 26. Februar 1682 der Pfarrer Conrad Pellikan an „Bürgermeister und Räthe der Stadt Zürich" das folgende:

„Nachdem die Gemeinde schon lange dahin getrachtet, wie die so gar enge und kleine Kirche möchte erweitert werden, zeigte sich namentlich, daß an Fest- und anderen Sonntagen nicht Alle hineinkönnen und auch in den Kinderpredigten, denen auch viele Erwachsene beiwohnen, nicht alle sitzen können. Es sind daher schon freiwillige Beiträge bis auf die Summe von 700 fl. theils gezeichnet, theils einbezahlt worden und das nöthige Material aus der Gemeindewaldung bereit gestellt. Unter Mitwirkung des Obervogts Wüst wurden die Arbeiten dem Zimmermann Jakob Gut von Wangen und dem Maurer Heinrich Bleuler von Zollikon verdungen. Die Gemeinde bittet nun um einen Beitrag an Kalk und Ziegeln, und an Kernen, um für die armen Handlanger Brot zu backen, welches ihnen in guter Ordnung ausgetheilt werden soll."

Diesem Gesuche wurde durch folgendes Ratsmanuale vom 1. März entsprochen:

„Der Gemeind Dübendorf werden zu nothwendiger Erweiterung ihrer Kirch aus dem Bau Amt 4000 Ziegel und 12 Fäßli Kalch, aus dem Sekelamt ein Fenster samt der Stadt Waapen, aus dem Kornamt 8 Eimer Wein und 4 Mütt Kernen in der Meinung, daß der noch ausstehende Rest von 400 fl. von denen interessirten Gemeindsgenossen bezogen und von dem Schloß Dübelstein, wenn Niemand Eintrag thut, die Eggstein zu diesem Bau und Nothwendigkeit nach genommen werden sollen."

(Damals waren in Dübendorf pfarrgenössig: Dübelstein, Ober- und Unter-Dübendorf, Geeren, Gfenn, Gokhausen, Hermikon, Kämmaten, Stettbach, Tobelhof und Weil.)

1705 wurde eine neue Kanzel angeschafft.

„Ao. 1743 ward die Kirch zu Dübendorf, weilen für die zahlreiche Gemeind von mehr denn 1200 Personen der Platz zu eng und klein war, erweitert, die Stegen auf die Emporkirche hinauf, die in der Kirche gewesen, außert die Kirche angebracht; durch näheres Zusammenrücken der Stühlen und Verfertigung etlicher Zeilen neuer Krebsstühlen im Chor, im Gsletz und auf der Emporkirche, Platz für 150 Personen mehr verschaffet, die Kirch geweisget und die große Kirchhofmauer erneuert um 200 fl. 4 ß".

„1754 wurde die Bedachung renovirt und die Kirchenuhr zu einer Perpendikularuhr gemachet. Die Unkosten beloffen sich auf 141 fl. 38 ß. Dazu schenkten Un. Gn. Herren aus Löbl. Kornamt 5 Mütt Kernen, 5 Eimer Wein und 40 % Geld."

1763 der Turm auf Kosten des Kornamts verbessert und angestrichen.

1776 wünscht Pfarrer Geßner eine Reparatur der Kirchenfenster, wofür das Kirchengut nicht aufkommen kann. Ratsherr Keller erhält den Auftrag, gelegentlich einen Augenschein vorzunehmen. Inzwischen soll Pfarrer Geßner von dem angezeigten Glasermeister die Kosten für einen ganzen Fensterflügel berechnen lassen. (Urt.-Protok.)

1780 wird Pfarrer Geßner in Betreff einer baufälligen Kirchenmauer angewiesen, einen Calcul der Kösten halber, so über diese Reparation ergehen möchten, durch einen Maurermeister verfertigen zu lassen und den Obervögten vorzulegen.

Dem letzten Viertel des 18. Jahrhunderts entspricht nachstehende Beschreibung von Bremi:

Die Kirche war kleiner und niedriger und faßte kaum die Hälfte Leute wie jetzt (1871). Die alte Kanzel am rechten Bogenpfeiler kennzeichnete sich durch ein zur Rechten derselben angebrachtes kleines Fensterchen mit einem alten Glasgemälde, welches den Pelikan vorbildete, der mit dem Schnabel seinen Leib aufhackt, um mit dem eigenen Blute die Jungen zu nähren. Über dem Chorbogen standen in altväterischen gotischen Buchstaben die Worte geschrieben: Heilig, heilig, Heilig ist der HErr der Heerschaaren; alle Lande sind seiner Ehre voll! (Jes. 6. 3). Rechts neben der Kanzel waren auf der weißen Wand in gleicher Schrift die Worte angebracht: Meine Schafe hören meine Stimme und ich kenne sie, und sie folgen mir, und ich gebe ihnen ewiges Leben, und sie werden nimmermehr umkommen und Niemand wird sie aus meiner Hand reißen. (Joh. 10. 27. 28) Und links von der andern Wand wurde dem auf der Kanzel stehenden Lehrer zugerufen: Predige das Wort, halte an, es sei zu rechter

Zeit oder zur Unzeit; strafe, drohe, ermahne mit aller Geduld und Weisheit. (2 Timoth. 4. 2.)

1809 wurde Kirche und Kirchhofmauer repariert, an den Kirchhofeingängen eiserne Gätter angebracht. Diese Baute kostete die Gemeinde 1268 fl., die Regierung gab einen Beitrag von 200 Franken nebst 6 Eimer Wein und 6 Mütt Kernen.

Bei Einführung der Brandassekuranz im Jahr 1812 wurde die der Gemeinde gehörende Kirche zu 6500 fl., der Helm des Kirchturms aber, der dem Staate gehörte, zu 600 fl. versichert, das Pfarrhaus ebenfalls dem Staate gehörig, zu 4000 fl.

1831 zersprang die größte der drei Glocken, eine zweite war schon seit längerer Zeit schadhaft. Es wurden nun für die Erneuerung des Geläutes 1035 fl. an freiwilligen Beiträgen zusammengebracht und die beiden Glocken in Konstanz umgegossen für die Summe von 1060 fl. Sodann wurde am 24. Februar 1833 ein Umbau der Kirche beschlossen, bestehend in Erhöhung des Daches, Erstellung eines zweiten Schiffes samt Emporkirche an der Südseite, einer neuen Kanzel und eines neuen Taufsteins. Die Kosten beliefen sich auf 8517 fl. 26½ ß und wurden zur Hälfte auf das Vermögen, zur andern Hälfte auf die Aktivbürger bezw. Hausväter verlegt. Am 19. Oktober 1834 fand die Einweihung statt.

Dieser Baute folgte im Jahre 1836 eine Erweiterung des Kirchhofes, worüber der Gemeinde 1837 die Rechnung vorgelegt wurde. Dieselbe ergab:

Einnahmen (Steuer) . . . . . fl. 586. 28 ß 9 Hlr.
Zinse . . . . fl. 10. 24 „ —
                                    fl. 597. 12 ß 9 Hlr.
Ausgabe . . . . fl. 292. 57 „ —
Rechnungsschuld . . . . . fl. 304. 15 ß 9 Hlr.
wovon 265 fl. das Kapital der oben erwähnten Zinse ausmachen.

1837 wurde auf der Pfrundlokalität ein neues Waschhaus samt Holzschopf für 1060 fl. erstellt. 1850 wurde der Kirchturm samt den Zeittafeln neu angestrichen, das Äußere der Kirche ausgebessert, die Mauern geweißt und eine neue Treppe beim Haupteingang erstellt. Die Kosten beliefen sich auf 200 fl.

1854 wurde der Assekuranzwert der Kirche auf 25000, 1864 auf 29000, der des Pfarrhauses auf 14500 Franken n. W. festgesetzt.

1870 wurde ein neuer Turm samt Geläute erstellt, freiwillige Beiträge deckten die Hälfte der Kosten. Bremi (der Enkel des Pfarrers) schreibt darüber: Ältere, neuere und neueste Bauart vereinigt sich an dieser Kirche. Das Chor ist niedrig, trägt noch das unverkennbare Gepräge des Altertums (will sagen des Mittelalters. M.) und wird von dem 1833 bedeutend erweiterten und erhöhten Schiff der Kirche etwas überragt. Sehr schön nimmt sich über dem Chor der in geschmackvoller Form und passendem Ebenmaß erbaute Turm aus mit schlankem spitzigem Helm. Derselbe ist auch mit 4 neuen Glocken versehen und verleiht dem ganzen Gotteshause ein ebenso freundliches wie erhebendes Ansehen.

1885 wurde der Kirchhof unter Beseitigung einiger Häuser, Verlegung der Fällanderstraße und Ausfüllens eines Feuerweihers bedeutend erweitert.

1888 die Kirche durch 2 eiserne Öfen heizbar gemacht,

1892 eine Orgel angeschafft und ein neues Uhrwerk mit Viertelstundenschlag.

1896 am 11. Juli zerschlug ein Hagelwetter die Fenster am Chor und an der Nordwestseite des Schiffes. Bei ihrer Erneuerung wurden sie mit 4 Glasgemälden von Glasmaler Wehrli in Zürich geschmückt.

1898 erhielt das Innere und Äußere des Kirchgebäudes nebst andern baulichen Reparaturen einen frischen Anstrich. Der Gottesdienst mußte deshalb an 6 Sonntagen im Schulhause Unterdorf abgehalten werden.

5. Kapitel.

Die Geistlichen in Dübendorf.

Aus dem Mittelalter liegen uns weder Personennamen noch Angaben über den hierarchischen Rang der in Dübendorf funktionierenden Priester vor.

Erst der „Vertrag um die Bestell- und Besoldung eines Leüthpriesters" (1507) nennt als solche Rudolf Zingg und Chraft Ölhafen.

Unmittelbar vor der Reformation besorgte Johannes Schlegel von Ravensburg, Chorherr im Kloster St. Martin auf dem Zürichberg, den Gottesdienst „zu Dübendorf und an andren Enden, auch in der pestilenzzyt" (1519).

Wahrscheinlich neigte er sich dabei schon der Lehre Zwinglis zu, weshalb ihm die genannte Wirksamkeit von seinen geistlichen Obern verboten wurde. Er verließ dann das Kloster, nahm die Reformation an und wirkte in ihrem Sinne an verschiedenen Orten, zuletzt in Elgg noch bis zum Jahr 1552, wo er sich wegen Altersschwäche vom Amte zurückzog.

Als erster reformierter Pfarrer erscheint
Hans Schwerter 1524—1547. Ihm folgen
Hans Schmid 1547-1603 (vorher in Dällikon oder Schwamendingen?);
Jakob Fries, vorher Pfarrer zu Wetzikon, bemüht sich, die Servitut des Wucherstiers loszuwerden; 1603—1627;
Peter Hochholzer, Predikant im „kurzen Dorf" im Thurgau, bittet eindringlich um Rückvergütung des geschmälerten Zehntens und zieht dabei nicht allein das leibliche Wohl seiner Familie, sondern auch das Seelenheil der Obrigkeit in Betracht; 1627-1649;

Friedrich Gibel, Pfarrer zu Schlieren, leitet am Pfarrhaus Dübendorf kostspielige Bauten ein, will aber die Bezahlung derselben nicht auf sich nehmen und resigniert noch vor Untritt des Amtes; 1649—1650;

Felix Diebold gerät durch die Schlauheit seines Vorgängers und die zahlreiche Kinderschar in ökonomische Bedrängnis, die noch schwer auf seiner Witwe lastet; 1650—1677;

Konrad Pellikan, Pfarrer zu Bubikon, findet bei seinem Einzug in Dübendorf den Pfarrhof in verwahrlostem Zustande und untergräbt bei den Restaurationsarbeiten seine Gesundheit auf Jahre hinaus; 1677— 1691;

Balthasar Collin, 1691—1704; dessen Witwe, gleichfalls in finanziellen Nöten, muß um Nachgenuß der Pfrund einkommen;

Joh. Heinrich Waser, Pfarrer zu Winterthur, 1704—1711;

Cäsar Vogel, Pfarrer zu Kyburg, 1711—1735 (?);

Anton Manz,   „   „   „   1738—1751;

Kaspar Geßner, Filialist in Wipkingen, befürwortet bauliche Reparaturen am Pfarrhof und fördert das Schulwesen; sein Sohn Georg, s. Z. Vikar, bittet um Einzugsgelder zu Handen des Kirchengutes; 1751—1790;

Heinrich Bremi, geb. 1748, exam. 1771, zeichnet sich durch sein Gottvertrauen während der Kriegsnot und durch die gewissenhafte Erziehung seiner Kinder aus; 1790—1832;

Rudolf Spöndli 1832—1834 (†); macht sich um den Kirchenbau verdient;

Joh. Konrad Hug 1834—1862 (resigniert);

Hermann Weber 1862—1872 (resign.), veranlaßt die Erhöhung des Kirchturms nebst Anschaffung eines neuen Geläutes und widmet 1871 den Internierten der französischen Armee seine Fürsorge;

Salomon Konrad Wirz 1872—1883 (†) begründet die Fortbildungsschule; seine Gattin Christine geb. Breitinger stiftet das Spendgut;

Joh. Jak. Straumann aus Bubendorf (Baselland), gewählt 1884.

Näheres über die Erlebnisse und Leistungen der Geistlichen ist in verschiedenen Abschnitten dieser Arbeit zu finden. Besondere Erwähnung verdienen die Kirchenprotokolle von 1704—1875, deren Hauptinhalt im 22. Kapitel: „Allgemeine Statistik" aufgeführt wird. Die einleitenden Gedichte und Sprüche von den Pfarrern Waser, Bremi und Hug geben uns ein Muster von dem Bildungsgrade ihrer Verfasser, wobei immerhin zu bedenken ist, daß zu Wasers Zeit die Begründer der neuern deutschen Sprache: Lessing, Göthe und Schiller noch nicht einmal geboren waren.

Pfarrer Waser beginnt 1704 sein Kirchenprotokoll mit nachstehenden Versen:

> Wir finden alles gut, was Gott anfangs gemachet,
> Was sollt sonst kommen her von Gott, dem höchsten Gut?
> Allein, allein die Sünd nur Böses verursachet,
> Was immer nur der Mensch für Böses leidt und thut.
> Wie gut ist der Ehstand, den Gott anfangs gestifftet,
> Wenn in demselben man des guten sich befleißt.
> Aber die Sünd, die Sünd den Ehstand hat vergifftet,
> Daß nun der Todt zuletzt das Eheband verreißt.
> Wie so erfreulich ist der liebe Kinder Segen,
> Den Gott durch seine Güt den Eltern beschehrt,
> Wie Gott den Ehestand hat eingesetzt deßwegen,
> Daß der Menschen Geschlecht auf Erden werd vermehrt.
> Wie höchlich thut es auch die Eltern erquicken,
> Wenn sie die Kinderlein zu dem heiligen Tauff
> Sogleich nach der Geburt ins Gotts Hauß können schicken.
> Daß sie in Gotts Gemeind genommen werden auff.
> Aber die Sünd, die Sünd bringt auch da Creüz und Leiden
> Und schickt den blassen Todt offt Eltern in das Hauß.
> Daß liebe Kinderlein von ihnen müssen scheiden
> Und man dieselben muß zum Grabe tragen aus.
> Dieß alles wird gar klahr in diesem Buch gefunden,
> Da allervorderst die drin werden fürgestellt.
> Die durch das ehlich Band zusammen seind verbunden
> Und sich in aller Trew in Lieb und Leidt gesellt.
> Hiernach so werden auch fein ordentlich beschrieben
> Die lieben Kinderlein, die man hat zugeführt
> Im Tauff, wann sie so lang bei Leben seind geblieben
> Und nicht frühzeitig sie vom Todes Pfeil gerührt.

Es machen den Beschluß die jenen, die beschlossen
Ihr Lebenszeit alhier in diesem Jamerthal,
Die der allgmeine Feind mit seinem Pfeil geschossen,
Doch ihre Seelen gsührt zur Ruh ins Himmels Sal.

Wunsch über die eingesegneten Ehen.

Hier findstu die Zahl der Ehen
Dieser lieben Christen Gmeind,
Welche noch im Leben stehen
Vom Todt unzertrennet seind
Ob den' walte GOTTES Segen,
Daß sie gehn auf Seinen Wegen.
Er wend' was sie möcht betrüben
An der Seelen und dem Leib,
Wann Er sie mit Kreüz will üben,
Er ihr Trost und Helfer bleib.
Und wenn sie hier müssen scheiden
Fahren in die Himmels Freäden!

Hosea cap. II. v. 19. 20.

Ich will dich mir ewiglich vermählen; ja ich will dich mir vermählen in Gerechtigkeit und billichkeit, in guttähtigkeit und barmherzigkeit.

Ich will dich auch mir vermählen in Treu und glauben, und du wirst den HERREN erkennen.

Wunsch über die getauften Kinder.

Jetzund folgt der Tauff der Kinder,
So der Tauff bezeichnet hat,
Die Gott mehre und nicht minder
Laß sie werden Lebens satt
Und nach viel gesunden Jahren
Selig zu den Vättern fahren.
Hierzu Jesus sie begnade
Mit seim theüren Blut und Geist,
Daß nichts ihren Seelen schade,
Sonder, wie sein Wort verheißt,
Sie bekehrt und grecht von Sünden
Plaz im reinen Himmel finden.

Galat. Cap. III. v. 26. 27.

Ihr alle seyt kinder GOTTES durch den glauben in Christo Jesu.

Dann wie viel euer in Christum getauft worden sind, die haben Christum angezogen.

Erinnerung wol zu sterben, um ewig zu leben.

Nun so komt der Todtenspiegel,
Der dir augenscheinlich zeigt,
Wie man dem Tod keinen Riegel
Stoßen kann, wo der hinsteigt,
Sonder alles muß herhalten,
Auch die jungen mit den alten.
Der HERR lehrt uns bständig wachen,
Daß die gwisse Sterbenszeit
Uns vorschweb in allen Sachen,
Da sie vielleicht nimmer weit.
Damit für dieß Jammerleben
Uns das ewig werd gegeben.

Joh. cap. XI. v. 25. 26.

JESUS spricht: Ich bin die Auferstehung und das Leben: Wer in mich glaubet, ob er schon stürbe, wird er doch leben.

Und ein jeder, der da lebet und in mich glaubet, der wird in die ewigkeit nicht sterben.

Dem zweiten Bande des Kirchenprotokolls giebt Pfarrer B r e m i die folgende Einleitung:

Von Dir, du Gott der Einigkeit
Ward einst der Ehebund geweiht:
O weih auch sie zum Segen,
Die hier vor Deinem Angesicht
Bereit stehn, Dir den Schwur der Pflicht
Und Eintracht abzulegen!
Laß sie, Vater, Dir ergeben, einig leben,
Treu sich lieben, treu die Pflicht der Christen üben.

Hast Du sie sich geneigt gemacht,
Der Liebe Flammen angefacht,
Die ihre Brust entzünden.
So laß die Regung lauter sein,
Laß Untreu nie den Bund entweihn,
Zu dem sie sich verbinden!
Immer laß sie Dir ergeben, einig leben,
Einig handeln, fromm und heilig vor Dir wandeln.

O segne sie, der gern beglückt
Und Frommen Lohn von oben schickt
Auf allen ihren Wegen!
Laß ihr Geschlecht sich Deiner freun!

Gib ihrem Stand und Fleiß Gedeihn,
Und ihr Beruf sei Segen!
Laß sie, Vater, Dir ergeben, glücklich leben,
Freudig sterben; denn sie sind des Himmels Erben!

Gott selbst verordnete die Ehe,
Er, der sie Mann und Weib erschuf
Und beid' im Wohl und auch im Wehe
Zur stetigen Gemeinschaft ruft.
Das Herz der Menschen täuscht Gott nicht,
Er hört was jedes Paar verspricht.

Die Treu soll beide Herzen binden,
Es sei nur Eine Seel', ein Leib,
Sich selbst soll Eins im Andern finden,
In ihr der Mann, in ihm das Weib!
Er sei ein Ebenbild des Herrn,
Des Weibes Haupt, sie folge gern!

Der Keuschen Ehen fromme Tugend
Findt auch in Kindern ihren Ruhm,
Belehrt, gebildet sei die Jugend,
O Schöpfer, als Dein Eigenthum!
Erweitre, Vater, nah und fern
Das Häuflein, das Dich liebt, den Herrn!

Getaufte Kinder.

Als unser Herr zu Gott hinging
Und ihn der Himmel nun empfing,
Hat Er, der große Hirt der Heerde
Die Kirche noch gepflanzt auf Erde.

Der Herr ist er, ihr Oberhaupt,
Es soll, wer redlich an ihn glaubt,
Getaufet sein auf Gottes Namen,
Des Vaters, Sohns und Geistes Namen.

Dem Gott, den er als Vater kennt,
Dem Christus, den er Herr auch nennt,
Dem Geist, der uns als Wahrheit leitet,
Wird durch die Tauf der Christ bereitet.

Wer Gott mit reinem Herzen ehrt,
Wer alles glaubt, was Christus lehrt,
Wer sich der Wahrheit will ergeben,
Bezeugt die Taufe mit dem Leben.

Der Kirche thut die Taufe kund,
Es sei der Täufling zu dem Bund
Von allen Redlichen und Frommen,
Zum Bund der Christen aufgenommen.

Dieß ist der Bund der Christenheit,
Der zu der Sitten Reinigkeit
Verpflichtet alle seine Glieder,
Einander lieben heißt als Brüder.

Die Taufe weiht den Christen ein,
Dem hohen Bunde treu zu sein,
Durch den uns Gott will alles geben,
Begnadigung und ew'ges Leben.

Verstorbene.

Herr lehre uns bedenken, daß wir sterben müssen, auf daß wir klug werden.

Ich bin, sagt Jesus, die Auferstehung und das Leben; wer an mich glaubt, ob er gleich stirbt, wird er doch leben.

Gleichwie in Adam alle sterben, also werden in Christus alle lebendig gemacht werden.

Gott hat nicht allein den Herrn Jesus auferweckt, sondern er wird durch seine Kraft auch uns auferwecken.

Wahrlich, wahrlich ich sage euch — ist die Versicherung des Treuen und Wahrhaftigen — es kommt die Stunde, daß alle, die in den Gräbern sind, die Stimme des Sohnes Gottes hören werden und werden herfür kommen, die so Gutes gethan haben, zur Auferstehung des Lebens, die aber, so Böses gethan haben, zur Auferstehung des Gerichts.

Wir müssen alle vor dem Richterstuhl Christi offenbar werden, auf daß ein jeder empfange, nachdem er im Leibe gehandelt hat, es sei gut oder bös.

Selig sind die Todten, die im Herrn sterben, von jetzt an. Ja, spricht der Geist, daß sie ruhen von ihrer Arbeit; ihre Werke aber folgen ihnen nach.

Hug:

Jesus hat gesprochen: Lasset die Kinder zu mir kommen und wehret es ihnen nicht (Marci 10, 14), es ist nicht der Wille des himmlischen Vaters, daß eines dieser Kleinen verloren gehe (Matth. 18, 14); taufet sie auf den Namen des Vaters, des Sohnes und des heiligen Geistes und lehret sie alles halten, was ich euch befohlen habe. (Matth. 28, 19 u. 20.)

Die Ehe sei in Ehren bei Allen (Hebr. 13, 4). Der Mann ist des Weibes Haupt, wie auch Christus das Haupt der Gemeinde ist. Ihr Männer liebet eure

Weiber, sowie auch Christus die Gemeinde geliebt und sich selbst für sie dahin gegeben hat (Ephes. 5, 23 u. 25). — Ihr Weiber seid unterthan euern Männern, wie die Gemeinde Christo unterthan ist (Ephes. 5, 22 u. 24). Ein Weib, welches den Herrn fürchtet, ist hoher Ehren werth (Spr. Sal. 31, 30).

Es ist den Menschen Einmal gesetzt zu sterben, hernach aber das Gericht Hebr. 9, 27).

Es ist gleichsam nur Ein Schritt zwischen mir und dem Tode (1. Sam. 20, 3).

Wachet, denn ihr wisset nicht, zu welcher Stunde euer Herr kommt (Matth. 24, 42).

Die Welt und ihre Lust vergeht; wer aber den Willen Gottes thut, der bleibt in Ewigkeit (1. Joh. 2, 17).

Leben wir, so leben wir dem Herrn und sterben wir, so sterben wir dem Herrn; darum wir leben oder wir sterben, so sind wir des Herrn (Röm. 14, 8).

Der Sünde Sold ist der Tod; die Gnadengabe Gottes aber ist ewiges Leben, in Christo Jesu, unserm Herrn (Röm. 6, 23).

Ich sterbe täglich (1. Cor. 15, 31).

Ich habe Lust abzuscheiden und bei Christo zu sein, welches auch für mich viel besser wäre (Philipp. 1, 23).

Christus ist mein Leben und Sterben ist mein Gewinn (Pilipp. 1, 21).

Neben den staatlich anerkannten Geistlichen wußten noch Irwingianer und Methodisten sich Anhang zu verschaffen. Die Letztern, sowie die „evangelische Gemeinschaft" (früher Jünglingsverein) haben ihre eignen Versammlungslokale.

Die Zahl der Katholiken ist teils durch die im Bauwesen beschäftigten Italiener (s. Kapitel 15, 16 und 20), teils durch Fabrikarbeiter so angewachsen, daß im Jahr 1898 der Bau eines Gotteshauses für dieselben in Aussicht genommen wurde.

Israeliten wohnen nicht in der Gemeinde, sind aber vielfach bekannt durch ihre Handelsgeschäfte mit Liegenschaften und Vieh.

6. Kapitel.

Organisation des Kirchendienstes.

Seit 1487 besaß die Stadt Zürich den Hof- und Kirchensatz zu Dübendorf, doch unterlagen die Pfarrwahlen laut „Vertrag um Bestell und Besoldung eines Leüthpriesters" der Bestätigung durch den Bischof von Konstanz. Nach der Reformation hörte natürlich die bischöfliche Kontrolle auf und die Pfarrer wurden von der weltlichen Obrigkeit allein ernannt. Alle Berichte und Beschwerden in Amts- und Privatsachen gingen daher von den Geistlichen direkt an die Obervögte.

Die Besorgung der Sittenpolizei stand unter Aufsicht der Geistlichen den Ehgaumern (später Kirchenräte, Stillständer, Kirchenpfleger genannt) zu, die auf den Vorschlag des Pfarrers von den Obervögten gewählt wurden.

Ein Urteils Protokoll vom 29. 9 bris 1776 lautet wie folgt:

Præsenti MH. Rathsherr Kellers in abwesenheit MHrn. Zunftmeister und Amtsobervogt Ullrich.

Nach ablesend angehörtem von Herrn Pfarrer Geßner zu Dübendorf an M Hhrn. Amtsobervogt Ulrich sub. 12. diß Monaths eingesanten schriftlichen Bericht und gemachter behöriger Anzeige, wie daß Ehrengedachter Herr Pfarrer, auf Resignation der bisherigen Ehegaumeren, die ihrer 4jährig aufgehabten Ehegaumerdiensten nach bisheriger übung entlassen worden mit und nebst E. E. stillstand zu gedachtem Dübendorf, ein neüer Vorschlag von Ehe Gaumeren gemacht und aus demselben nachstehende 7 Männer wohlgedachten Herren Pfarrer zur auswahl die wegsten und besten zu seyn bedunken, benamt

1. Jakob Kuhn aus dem Wyl
2. Hans Dänzler Heinr. sel. aus dem Oberdorf
3. Heinrich Müller aus dem oberen Theil des Unterdorfs
4. Ludwig Müller, aus dem untern Theil des Unterdorfs
5. Jakob Staub aus der Geeren, bergbezirk
6. Jakob Wägmann von Hermikon
7. Jakob Pfister aus dem Gfeng;

welche 7 Männere er zu beliebiger genähmigung und benötigter Bestätigung bestens empfihlt, in welcher anhoffnung selbige heüte wegen unpäßlichkeit M H. Amtsobervogt Ulrich in dem Ehren-Hauß Mh. Rathshr. Kellers erschienen, und von Hochdemselben auf bemelte Ehrerbietige Empfehlung hin oberkeitlich bestätet und in das Handgelüpt genommen, auch der Canzley aufgetragen worden, selbige in Hochderoselben Namen auf Sonntags als den . . January nächst bevorstehenden 1777. Jahrs in der Kirch zu Dübendorf gewohnter maaßen zu beeydigen.

15. Dezember 1780.

Die von Hrn. Pfarrer Geßner zu Dübendorf nach gethaner schriftlicher Anzeige neü erwehlte Ehegaumere benant

Hans Zollinger aus dem Wyl
Jakob Dänzler aus dem Oberdorf
Heinrich Wäber aus dem obern theil des unterdorfs
Heinrich Pfister aus dem untern theil des unterdorfs
Antoni Uttinger von Gokhausen
Jakob Kuhn von Hermikon
Jakob Wägmann Heinr. aus dem Gfenn

wurden heüte oberkeitlich ratificiert und das Erste Mahl vor den Hochz. Ehhrn. Obervögten zu gleicher Zeit beeydigt, da solche vormahls durch die Canzley zu Dübendorf in der Kirchen selbst vor ganzer versamleten gemeind beeydiget worden.

Der Ehgaumer Eid:

„Die Ehgaumer sollen schwören, die Ehre Gottes zu schirmen und alle, die außerhalb der Kirche während der Predigt im Kirchhof, im Wirthshaus oder in heimlichen Winkeln gefunden werden, zu warnen und nöthigenfalls dem Obervogt anzuzeigen.

Auch heimlicher Umgang und öffentliches Ärgerniß in Kleidung und Leben bei beiden Geschlechtern soll verwarnt und im Wiederholungsfalle dem Obervogt angezeigt werden.

Dieselbe Vorschrift gilt für Schwören, Gotteslästerung, Versäumen der Kinderlehre.

Wer nach 9 Uhr noch im Wirthshaus schwelgt, spielt, tanzt oder sonst den Mandaten M. Gn. Hhrn. zuwider handelt, soll ebenso wie der Wirth verwarnt, gestraft und eventuell dem Obervogt verzeigt werden.

Strafbar ist auch, wer einem andern zutrinkt oder soviel trinkt, daß er es wiedergeben muß.

Dieses alles sollen die Ehgaumer halten ohne Ansehen der Person (hindangesetzt Liebe, Fründschaft, nyd und haß)."

Auch den Sigrist wählte der Pfarrer unter Vorbehalt der Bestätigung durch die Obervögte.

Infolge der Verfassungsrevision von 1831 fiel die Wahl der Pfarrer den Kirchgemeinden zu. Diese hatten ferner einen Stillstand zu ernennen, bestehend aus dem Pfarrer, dem Gemeindspräsidenten, Gemeindammann und mindestens 4 weitern Mitgliedern.

Die erste Pfarrwahl durch die Gemeinde Dübendorf fand im Jahr 1834 statt.

Aus dem Dreiervorschlag des Kirchenrates erhielten die Herren

Hug in Buch 316

Hirzel in Wald 86

Meyer in Glattfelden 14

von 146 Stimmen.

Anhang.

Das Reformationsfest 1819.

Schon im Oktober 1818 begann Pfarrer Bremi die Vorbereitung auf das nahende Reformationsfest in seinen Predigten und im Jugendunterricht. Auch wurden mit den Gemeindebehörden die nötigen Vereinbarungen getroffen und vom Oberamtmann Hirzel zu Greifensee eine Verordnung betreffend stille Silvesterfeier erlassen.

Am Silvester selbst läutete man nur abends 3 Uhr, in der Nacht dagegen nicht mehr.

Am 1. Januar 1819 wurde von 7½ bis 8 Uhr das erste, um 8½ das zweite Zeichen und um 9 Uhr zusammengeläutet.

Der Pfarrer predigte über Korinther III. V. 10, 11. Die Kirchensteuer ergab 32 ₰.

Um 2 Uhr verlas der Schulmeister von der Kanzel einige Bibelstellen samt Gebet, dann wurde mit allen Glocken geläutet und der Pfarrer hielt die Nachmittagspredigt über Matth. XIII. 44—46.

Die Kirche war beide Male gedrängt voll und der Abend verging in aller Stille.

2. Januar. Morgens 8 Uhr versammelten sich die Repetier- und Unterweisungsschüler nebst den Neukommunikanten von der letzten Weihnacht, 160 an der Zahl, im Schulhause und zogen um 9 Uhr paarweise, von den Lehrern geführt, zur Kirche. Nach einleitendem Gesange predigte der Pfarrer über Markus X. 14 und hielt dann mit 20 Kindern eine Katechisation über die Urheber, die Mittel und die Folgen der Reformation.

Nach Vollendung des Gottesdienstes erhielten alle Schüler ein Bildnis Zwinglis als Geschenk des Pfarrers mit dem Spruch: Der Geist Gottes wohnt nicht in einem dem Laster fröhnenden Leibe; er liebt ein stilles, heiteres, sanftes Gemüt. Darum verbannet den Sturm und das Getümmel des Zornes und aller Begierden aus euerem Herzen und blümet es an mit dem Samen des göttlichen Wortes.

3. Januar. Kirchen- und Gemeinderat brachten dem Pfarrer die üblichen Neujahrswünsche in seiner Wohnung dar und begleiteten ihn dann zur Kirche, wo er über Epheser III. 14—19 predigte und eigens für dieses Fest gewidmete Gebete verrichtete. — Nachmittags war wieder Katechisation.

Von all dem hatte der 71jährige Pfarrer mehr Freude als Beschwerde.

Am 10. Januar hielt Pfarrer Bremi die letzte Reformationspredigt über Offenbar. III. 11.

7. Kapitel.

Das Kirchengut. Der Zehnten.

Schon Karl der Große hatte im Jahr 780, um die materielle Existenz der Kirche zu fördern, den **Zehnten** eingeführt, über dessen Bedeutung sich Dändliker (Schw. G. I. S. (28 und 145) in folgenden Worten ausspricht:

Jeder Bauer mußte zur Zeit der Ernte, der Wein- und Obstlese den zehnten Teil des Ertrages abliefern, und davon sollte ein Teil dem Bischof, ein zweiter dem Geistlichen der Pfarrei, ein dritter den Armen des Dorfes zukommen und ein vierter zum Unterhalt der Kirche verwendet werden.

Solche Pfarrkirchen sind keineswegs durch die Gemeinden selbst gegründet worden, sondern durch die geistlichen und weltlichen Herren, die reichen Grundbesitzer und Inhaber der staatlichen Hoheit, auch durch schon bestehende Klöster und geistliche Stiftungen. Ein solcher Herr errichtete, sei es durch eigenes oder auch durch das Bedürfnis seiner Hofleute und Untergebenen, sei es durch einen Traum, durch ein Familienereignis oder durch Interessen bewogen, auf seinem Eigengut eine Kapelle, ein Bethaus oder eine Kirche und stellte einen Priester an, dem er bestimmte Einkünfte zuwies. Vielleicht wies er der Kirche auch ein bestimmtes Grundeigentum, Widemgut d. h. gewidmetes Gut, zu stetem Fond an. Der Verwalter der Widem oder des Widemhofs hieß der Widemer oder Widmer. Aus dem Ertrag der Widem wurden die kirchlichen Bedürfnisse bestritten. Die Pfarrkinder aber waren gehalten, dem Herrn der Kirche den Zehnten zu zahlen, damit er daraus das Kirchengebäude unterhalte, den Geistlichen besolde und für die Armen sorge. Was vom Zehnten übrig blieb, behielt der Herr für sich, und mancher Stifter hat so seine Einkünfte und sein Ansehen wesentlich verbessert.

Der Herr, der die Kirche gegründet, nahm dann auch den Kirchensatz (das Recht, den Pfarrer zu ernennen) und das Eigentumsrecht über die Kirche und alle ihre Güter und Einkünfte für sich in Anspruch und konnte nach Belieben diese Rechte ganz oder teilweise verkaufen, vertauschen, zu Lehen geben und vererben.

Als Lehenherrn der Kirche zu Dübendorf werden genannt das Gotteshaus Reichenau und die Herren von Bonstetten.

Den Hof- und Kirchensatz verleiht Reichenau an:

    Joh. Freiherrn von Tengen sen.
1371 Gottfried Mülner
1395 Comthurhaus Küsnacht
1407 Joh. von Tengen jun.
  ? an Joh. Basler von Ravensburg, Cantor zum Großen Münster und Leutpriester zu Dübendorf, der
1420 den Kirchensatz an das Ritterhaus Küsnacht vergabet haben soll. Von da geht er durch Tausch um den Kirchensatz zu Egg
1478 an das Gotteshaus S. Martin auf dem Zürichberg über, und
1487 endlich an Hans Waldmann.

Verschiedene Zehnten werden von Reichenau vergeben an:

1.
1335 Uler (Ulrich) Manetz, dessen Kinder.
1384 Gottfried Schön, Gebrüder Schwarzmaurer sen. und jun.
1458 Lösell, Johannitermeister in teutschen Landen (1 Hälfte)
1506 Stadt Zürich

2.
    Niklaus Bilgeri
1357 Ulrich Schwend
1487 Hans Waldmann

3.
    Wittwe Marschall
1369 Ulrich Schwend
1487 Hans Waldmann

4.
Keller in Dübendorf
Hans Altorfer
1462 Heini Hug Müller von Bassersdorf.

Von den Herren von Bonstetten werden Zehnten verliehen an:

Gebrüder Worg von Uster
1370 Heinrich Islenschmid und Heinrich der Knab von Dübendorf
1468 Kuni von Rusen und Hans Schmid im Seefeld
Hug Müller

1467 oder 1468 erscheint eine

Beschrybung aller Zehenden zu Tübendorff.
Dieselbe enthält kein Datum, weist aber durch die Namen der Inhaber Berchtold Schwend, Heini Hug und Jakob Schwarzmaurer auf obige Jahreszahlen.

Die Güter mit bestimmter Grössenangabe umfassen 440 Jucharten, davon fallen auf:

Berchtold Schwend	137½
die Kirche	82½
den Leutpriester	79
Heini Hug	82
Schwarzmaurer	25

1495 tritt Beat von Bonstetten zu Uster in seinem und seines minderjährigen Bruders Wolf Namen den sogenannten Morgenzehnten zu Dübendorf an die Stadt Zürich ab.

1506 verleiht Abt Martin von Reichenau nach dem Tode des Lazarus Göldli den Schwarzmaurer Zehnten zu Dübendorf an Jakob Escher, des Rats, als Lehenträger zu Handen der Stadt Zürich.

1518 Der neue Abt Georg verleiht denselben Zehnten an Kaspar Göldli als Träger.

Aus den häufigen Handänderungen des Zehntens scheint namentlich im Einkommen des Pfarrers eine gewisse Unsicherheit hervorgegangen zu sein. Denn schon vor der Reformation, im Jahr 1507, finden wir in den Pfrundakten und in St. und L. 3042 den nachstehenden

Vertrag wegen Gestells und Gesoldung eines Leutpriesters zu Dübendorf.

Burgermeister und Rath der Stadt Zürich thun kund: daß Wir vor Jahr und Tag mit weiland Rudolf Zingg, Kirchherr und Leuthpriester von Dübendorf einig geworden sind, dem jeweils von uns eingesetzten Leuthpriester außer (aus) unserer Stadt Kosten jährlich auf Martini zu geben 30 Mütt Kernen, 10 Malter Hafer und 10 ₰ Haller Geldes. Dazu soll er haben den Weinzehnten im Gfenn, jährlich 2—3 Eimer, das Haus mit Hofstatt, Baum- und Krautgarten und Hanfpünten, auch den kleinen Zehnten im ganzen Kirchspiel, 11 ₰ Anken Gült und 4 Schilling Geld, Seelgeräth und das Jahrzeitbuch.

Dafür soll der Leuthpriester für die Gemeinde einen Meyden (Hengst), einen Stier und einen Eber halten. Man gibt ihm dann von jedem Ferlin (Füllen) 4 Haller, von einem Kalb 2 Haller, oder das zehnte Füllen oder Kalb als Zehnten.

Der Leuthpriester soll die Pfrund selbst besitzen und an Niemand vergeben. In Folge Absterbens des Rudolf Zingg haben wir erwählt Chraft Glhafen. Unter Bewilligung und Bestätigung des Bischofs Hug von Constanz. Stadtsiegel von Zürich und Siegel des Rathsherrn Heinrich Nägeli Namens Chraft Glhafen Samstag vor der alten Fastnacht 1507.

Nachdem dann die Reformation nicht allein die Formen des Gottesdienstes, sondern auch die Kirchenverfassung gänzlich umgestaltet hatte, mußte das Volk über den Fortbestand der drückenden Zehntenpflicht aufgeklärt werden.

Im Jahr 1525 erläßt der Rat zu Zürich an seine Unterthanen eine Erklärung des Inhalts, daß er die Bedeutung des Zehntens zunächst durch einige Gelehrte und sodann vor gesamten Großen Rat einer Prüfung unterzogen habe. Das Begehren, den Zehnten abzuschaffen, weist der Rat schon darum zurück, weil er ja denselben nicht eingeführt habe. Er stützt sich aber noch auf weitere Gründe:

1. Der Behauptung, von der Zehntenpflicht stehe nichts im Evangelium, wird entgegengehalten, daß das Evangelium auch die Verbindlichkeiten gegen Schneider und Schuhmacher, Bäcker und Müller nicht erwähne. Das Wort Gottes könne aber nicht so ausgelegt werden, als ob es Glauben, Treue und Liebe brechen lehre.

2. Unter den Menschen gelten viele Dinge, die Gott nicht in seinem Wort eingesetzt hat, z. B. Steuern, Zölle, Leibeigenschaft, Handel und Wandel. Seitdem aber solche im Gebrauch sind, heißt er sie ausdrücklich halten. Als die Kinder Israel einen König begehrten, wehrte ihnen Gott; sie beharrten aber auf ihrem Willen, und dann gebot ihnen Gott, dem König gehorsam zu sein. So ist es auch Gottes Wille, daß Steuern und Zölle entrichtet werden, daß die Leibeigenen gehorsam seien und daß man selbst einem ungläubigen Obern sich unterwerfe. Römer 13. Epheser 6. Colosser 3. I. Timoth. 6. I. Petri 2.

3. Ein Teil der Zehnten sind Laienzehnten, nämlich Eigentum einer Herrschaft, wie ein jeder seinen Hof, Weingarten oder Feld für sich behalten oder verpachten kann. Genesis 47 kommt durch Josephs Fürsichtigkeit aller Grund und Boden in Ägypten dem König als Eigentum zu, der es wieder an das Volk verleiht gegen den fünften Teil des Ertrages. So müssen wir auch die Laienzehnten den Herrschaften als Eigentum lassen, zumal sie schon seit Jahrhunderten verbrieft sind. Römer 13 steht geschrieben: Ihr sollt allen Menschen geben, was ihr ihnen schuldig seid. Wer also die Zehntenpflicht bestreitet, handelt als Räuber und nicht als Christenmann. Und das gleiche Recht wie für die Laienzehnten gilt auch für die Kirchenzehnten, welche dem Unterhalt des Pfarrers und „andrer" Armen dienen sollen und aus christlicher Liebe hervorgegangen sind. Man wollte durch Verabreichung eines bestimmten Gehalts die Habsucht der Geistlichen (der Pfaffen Gyt und Gützel) bekämpfen, wie auch den Witwen und Waisen aufhelfen.

Da also die Liebe den Zehnten eingesetzt hat, so wird sich niemand dagegen sträuben wollen.

Daß auch die Kirchenzehnten hin und wieder verkauft worden sind, widersprach dem Willen Gottes und wurde nicht allein durch Päpste und Bischöfe verschuldet, sondern auch durch unsere Vorfahren, die ihre Einwilligung dazu erteilten. Die bezüglichen Briefe und Siegel kann aber weder Obrigkeit noch Gericht für kraftlos erklären, sowenig als irgend einen andern Besitztitel.

4. Wer den schuldigen Zehnten zu entrichten sich weigert, handelt auch seinem Gewissen zuwider, denn beim Verkauf der Güter wird der Zehnten immer in Rechnung gebracht.

So wahr nun Obrigkeit und Richter von Gott eingesetzt sind und aus den angezeigten Gründen den Zehnten gutheißen müssen, so gewiß ist auch die Pflicht, sich der öffentlichen Ordnung zu unterziehen (Römer 13) und wer sich der Obrigkeit widersetzt, handelt auch gegen Gottes Willen.

Wäre der Zehnten nicht aus Gottesfurcht und Liebe eingesetzt und durch keine Dokumente gesichert worden, so müßte schon sein langjähriger und ererbter Besitz ihn als unantastbares Eigentum rechtfertigen.

5. Gott hat uns durch das Licht seines Wortes geoffenbart, daß wir armen Menschen bisher einige Dinge für Gottesdienst hielten, die aber mehr Gottes Schmach und Verachtung seines Wortes waren, und daß wir als christliche Obrigkeit diese Dinge verbessern sollen. In Erwägung, daß eine gute Verwaltung der zeitlichen Güter das Wichtigste auf dieser Welt sei, haben wir uns nun bemüht, die Mißbräuche in der Geistlichkeit auszurotten.

Den unnützen Geistlichen werden wir das ihrige nicht ohne Not entziehen, sondern sie im Frieden aussterben lassen; für die Besetzung der nötigen Stellen aber sollen schrift- und sprachenkundige Leute aus dem großen Münster herangezogen werden.

Einer besseren Verwendung der übrigen Güter steht der Umstand entgegen, daß ein großer Teil der Zehnten unserm Gebiete entfremdet und selbst bis über den Rhein gekommen ist, wo wir nicht eingreifen können, ausgenommen was die Pfarrer und ihre Rechte betrifft. Auch eine Ablösung können wir nicht erzwingen, wenn der andere Teil sich dagegen sträubt.

Was von Gütern und Zehnten durch den Tod der Besitzer erledigt wird, fällt von Rechts wegen wieder in unsere Hand zurück, ebenso die Hauptschätze, Stücke und Kleinodien, doch brauchen wir hierin keine Gewalt. Wenn einmal die überzähligen Geistlichen ausgestorben und alle Pfrunden mit tüchtigen Leuten besetzt sind, so werdet ihr sehen, daß wir mehr nach eurem und der Armen Nutzen als nach dem unsrigen trachten. Vielleicht fügt es Gottes Gnade auch, daß die Auswärtigen in Erkenntnis seines Wortes sich gütlich mit uns (über die Abtretung ihrer Zehnten) verständigen. Indem wir also mit der Zeit eine bessere Verwendung der Zehnten anstreben, ermahnen wir euch allen Ernstes zu weiterem Gehorsam, damit ihr nicht Gott erzürnet und von uns gestraft werden müßt. Wer den großen Zehnten pünktlich entrichtet, für den werden wir uns bei den Zehntenherren um Nachlaß des kleinen Zehntens verwenden.

Ebenso einfach als klar, wird die Bedeutung des Zehntens in den Urkunden des Hauses Bubigheim Nr. 270 dargestellt:

Die Lehenherren, die den großen Zehnten in den Kirchgemeinden einnehmen, sollen den Pfarrer daraus erhalten und ihm, bevor sie die Früchte wegführen, die geziemende Nahrung geben. Auch dürfen sie diese nicht auf den Jahrzeiten abrechnen, die von biedern Leuten zu Gunsten der Pfarrer gestiftet wurden, damit sie den Armen und Fremden Handreichung thun können. Denn die Lehenherren gaben dem Pfarrer seine Nahrung, schon ehe die ersten Jahrzeiten gestiftet wurden. Damit nun die Pfarrer ihrer Sache sicher seien, sollen Abgeordnete des Rates und der Bürger bei den Pfarrern und Kirchenpflegern nachfragen, und wo Jahrzeiten gestiftet sind, sollen die Kirchenpfleger solche zu Handen der Kirche nehmen und sorgfältig mit dem andern Kirchengut verwalten. Im Einverständnis mit den Kirchgenossen sind daraus die Armen der Kirchhöre zu unterstützen, worüber jährlich dem Obervogt Rechnung abgelegt werden soll. Und wo die Lehen- oder Zehntenherren den Pfarrer noch nicht befriedigt haben, sollen ihm die Kirchgenossen die Jahrzeit überantworten, bis sie ihnen von jenen wieder vergütet wird.

Die für Kaplaneien gestifteten Jahrzeiten sollen denselben verbleiben und von niemand angefochten werden bis zum Tode des Besitzers.

Stifte und Klöster dürfen die ihnen gewidmeten Jahrzeiten genießen, so lange sie bestehen. Nach ihrem Abgang sollen diese Jahreszeiten, soweit sie vom gemeinen armen Mann gestiftet sind, der Kirchhöre zufallen.

Man soll auch dafür sorgen, daß die Pfarrer ausreichende Kompetenz erhalten, damit wohlgesittete und gelehrte Leute erzogen (herangezogen) werden, immerhin nach Maßgabe ihrer Arbeit und Kosten. Wo aber die Pfarrer aus den Zehnten oder von den Lehenherren reiche Kompetenzen haben, sollen die Abgeordneten ihnen empfehlen, die Jahrzeiten an das Almosen der Kirchhöre abzutreten.

Die Jahrzeiten dürfen übrigens von jedermann abgelöst werden nach Inhalt der vorhandenen Briefe oder nach gemeinem Brauch und Recht.

Mittwoch in der Osterwoche 1526.

pubs. Hr. Bgmstr. Röist, Rat und Bürger.

Sodann erscheint in den Jahren 1551 und 1596 ein „Urbar umb der Kilchen zu Dübendorff ynkommende Zins und Gülten" auf Geheiß des Bürgermeisters und Rats der Stadt Zürich, insonders auch M. Jakob Hafners und M. Hans Wäbers, Obervögte zu Schwamendingen und im Beisein des Jakob Müller, geschwornen Untervogts, Heinr. Müller genannt Ruchen, Georg Weber, Jakob Weber, Heinrich Attinger, Heinrich Fenner, Hans und Jakob Bertschinger und einer gesamten Gemeinde Dübendorf. 30. Juni 1551.

Der Inhalt dieses Urbars ist kurz zusammengefaßt wie folgt:

1551	1596
Zahl der Grundstücke 35	Zahl der Grundstücke 30
Ertrag: Kernen 7 Mütt 3 Viertel	Ertrag: Kernen 7 Mütt 2 Viertel
Haber 19 Vierling	Haber 19 Vierling
Nüße 3 Viertel	Nüße 3 Viertel
Geld 56 ℔ 12 ß. 9 Pfg.	Geld 48 ℔ 19 ß. 8 Hlr.

Dieses Urbar giebt uns gleichwohl noch keinen sichern Maßstab für das durchschnittliche Einkommen der Kirche, da aus demselben nicht ersichtlich ist, wie viele der aufgeführten Briefe gleichzeitig bestanden oder einerseits abbezahlt, andrerseits neu angelegt worden sind. Übrigens zeigt sich eine große Verschiedenheit zwischen dem Umfang der Grundstücke und dem davon geforderten Ertrag:

1 Viertel muß das eine Mal von $^2/_3$, das andere Mal von 5 ganzen Jucharten Acker entrichtet werden. Sodann sind 2 Mannwerk Wiesen mit 1 Mütt 1 Viertel Kernen belastet.

Die Schuldbriefe, aus denen das Bareinkommen der Kirche bestritten wird, zeigen einen Zinsfuß von 4—6½ %.

Als Zinstermin gilt einzig der Martinstag, weil um diese Zeit die Feldfrüchte nicht allein eingesammelt, sondern auch völlig ausgereift und gedroschen zu sein pflegen, eventuell auch in bares Geld umgesetzt sind. Nach Martini beginnt die Arbeit im Walde, siehe Forstwesen.

Ein im Jahr 1556 ausgestellter Brief von 10 fl. wurde 1630 durch Heinrich Weber abgelöst und an eine Kirchenthür verwendet.

1652 hat Meister Hans Baumann der Küfer der Kirche vermacht 100 fl an einem Brief, den Jakob Weber im Weil verzinset — zu Gottes des Allmächtigen Ehren und Erhaltung seines ewigen Worts. Hiezu hat diesen Baumann vermögen neben anderem der Pfarrer Petrus Hochholzer.

Wir haben gesehen, daß schon im Jahre 1507 „der kleine Zehnten im ganzen Kirchspiel" als einzelner Bestandteil des Pfrundeinkommens aufgeführt ist. Die Unterscheidung zwischen diesem kleinen und dem großen Zehnten hatte aber keine gesetzliche Grundlage. Soweit sie durch die Art der Früchte und die Zeit ihrer Aussaat bestimmt wurde, ließ die Obrigkeit den Bauern ganz freie Hand, und diese stellten trotz allem sonstigen Respekt vor dem Kirchherrn, dessen materielle Interessen nicht immer den ihrigen voran.

Der Zehnten von den Hanfpünten z. B. ging dem Pfarrer Hochholzer dadurch verloren, daß die Zehntenleute auf dem betreffenden Grundstücke andere Früchte ansäeten, welche als solche in den großen Zehnten gehörten. Auch wurde 1629 ganz willkürlich verfügt, daß der Bohnenzehnten, der vielleicht 100 Jahre lang zum Pfrundeinkommen gehört hatte, künftig an das Kornamt zu Handen der Stadt Zürich abzuliefern sei. Ein Gleiches geschah mit dem Weinzehnten.

Mit Recht beschwert sich Pfarrer Hochholzer über diese willkürlichen Schädigungen. Eine Rathserkanntnuß vom 2. Juni 1647 enthält hierüber das Folgende:

Anno 1629 wurde bestimmt, daß alle Frucht, hohe und niedere, Sommer- und Winterfrucht, auch Schmalsaat, welche jährlich in die 2 Haffen Zelgen gesäet werde, in den großen Zehnden gehören, ebenso jede Frucht mit Einschluß der Bohnen und des Emmerkorns, wenn solche in die Brachfelder gesäet werden. Auf die Klage des Herrn Pfarrer Hochholzer, daß ihm namentlich der Bohnenzehnten dem alten Brauche zuwider entzogen worden sei, wird erkannt, daß dieser Bohnenzehnten zwar beim großen Zehnten verbleiben, dafür aber dem jeweiligen Besitzer der Pfrund Dübendorf von nun an 4 Eimer Wein außer den 8 Eimern die er schon bezieht, zugesprochen werden sollen. Außerdem erhält derselbe als Ersatz des während 17 Jahren erlittenen Abgangs 100 fl an Geld.

Eine neue Last erwächst den Nachfolgern Hochholzers aus dem Ratsbeschlusse, daß das Pfarrhaus aus dem Pfrundeinkommen „ohne des Sekelamts Kosten" erbaut werden solle und erst nach dessen Vollendung und Bezahlung der neue Pfarrer einziehen dürfe. Pfarrer Gibel (im J. 1649) ist schlau genug, den Bau zwar anzuordnen und einzuleiten, verzichtet aber auf die Pfrund, sobald er merkt, wo die Sache hinaus will, und stürzt damit den braven Diebold und seine große Familie in bittere Verlegenheiten. Aus Gnade wird der Wittwe Diebolds gestattet, noch ein Jahr auf der Pfrund zu bleiben, während ihr Sohn als Verweser die Seelsorge daselbst ausübt.

Der zweifelhafte Wert der Naturalentschädigung wird auch illustriert durch die Beschwerde der Wilwe Pellikanus, welche nach Aufzählung des gesetzlichen Einkommens ihres Mannes ausdrücklich bemerkt: Diese Naturalien konnten aber in wohlfeilen Jahren nicht gut verkauft werden, (und den Erlös mußte man den vicariis und dem Arzte geben, da P. schon bei seinem Einzug sich mit den Verbesserungsarbeiten an dem äußerst vernachlässigten Pfarrhofe die Gesundheit ruiniert hatte).

Es ist nicht zu leugnen, daß die Zehnten- und Baufragen den ökonomischen Interessen der Geistlichen sehr nahe traten, wie namentlich die Familien Hochholzer, Diebold und Pellikan erfahren mußten.

Aber auch auf die Würde des Amtes nahm man damals wenig Rücksicht.

Artikel 52 der „Offnung" von Dübendorf beginnt mit den Worten: Auch haben sie das Herkommen, daß ihr Kirchherr im Falle des Bedarfes einen Zuchthengst, einen Stier und ein Wucherschwein haben solle zu ihrem Nutzen. — Am 19. März 1612 wurde auf Begehren des Pfarrers Fries die Servitut betreffend Stier und Eber durch den Statthalter Wolf und verordnete Rechenherrn einem Lehenhofe des Kornamts überbunden. Aber auch der dortige Lehenmann, Uli Rinderknecht, fand die Sache unbequem und begehrte Abhülfe. Die Herren Sekelmeister Bräm, Landvogt Escher und Kornmeister Wolf erhielten nun den Auftrag, nach Untersuchung der Sache entweder dem Lehenhof die gedachte Beschwerde wieder abzunehmen, oder ihm eine Entschädigung aus dem Pfrundeinkommen zu verschaffen. Die Kommission brachte einen gütlichen Vergleich zustande, wonach anstatt der 50 ℔ Geld, welche der Pfarrer bisher dem Lehenmann für die Haltung der Zuchttiere bezahlt hatte, die Pfrundwiese, genannt Seewadel, samt dem Hirzenrain demselben zur Benützung überlassen wurde.

Wenn aber Herr Fries oder ein künftiger Pfarrer früher oder später wieder eigenes Vieh halten und den Wucherstier und Eber übernehmen wollte, so sollen auch jene 2 Grundstücke wieder zur Pfrund fallen. Solange der Lehenmann die genannten Wiesen nutzt, soll er dem Herrn Pfarrer jährlich ein Fuder Holz unentgeltlich aus dem Hau zum Pfarrhof führen.

Aktum 8. Wintermonat 1622.

Von dem Hengst ist also hier nicht mehr die Rede. Hingegen erscheint 1658 der folgende Ratsbeschluß:

„Die Herren Obervögt sollen auf Mittel bedacht seyn, wie dem dasigen Herrn Pfarrer die Unterhaltung der Wucher Stieren abzunemmen seyn möchte. Auch ob nicht mit dem Einzug des Kleinen Zehnten daselbst eine Änderung vorzunemmen, derselbe zu verkaufen und dem Pfarrer dafür jährlich ein gewüßes zu verordnen wäre."

Ein Brief der Witwe Thiebold verdient unser Interesse in mehrfacher Hinsicht:

Herr Burgermeister

Hochgeachte WolEdle Veste, Ehren- und Nothveste fürnämme, fürsichtige, wolweyse, insonders hochehrende, Gnedige, Liebe Herren und Vätter.

Weylen es demme, der Tod und Läben in seiner Hand hat, dem alles regierenden Got nach seiner heiligen Fürsähung gefallen wöllen, meinen lieben Herrn sel. auß disem jamerthal zu seinen väterlichen gnaden abzefordern und durch den zeitlichen Tod in das ewige läben ze versetzen, Als soll ich endsunderschribene billich, sammt den lieben meinigen, der Hand deß Herren still halten, mich under derselbigen demütigen, und wider den, der um alles, was Er thut, seine heiligen und gerächten Ursachen hatt, nichts reden.

Wann aber, Gnedige Liebe Herren und Vätter, ich durch disen ohnversächnen Todesfahl, sammt meinen armen Kinderen in höchst betrübten Zustand gesetzt und meiner nahrungsmittlen, in meinem 60jährigen Alter, und großen leibsschwachheiten, gleichsamm allerdings beraubt bin: Als erscheyne ich mit gägenwärtiger demütigister und underthenigister Supplication vor Euerer Ehrsamen Weißheit und Gnaden, ganz flähenlich anhaltende und bittende, Sie mich mit gewohnten Gnadensaugen ansähen, und mit väterlicher Erbarmd, in meinem großen leid, und armen Zustand erquiken wöllind. Worzu sie verhoffentlich, durch erwägung folgender gründen, nit wenig werden bewegt werden.

Mein lieber Herr selig, und ich brachten von zeitlichen Mittlen vast nichts zusammen, wir wurden gesägnet mit 16 Kinderen, deren annoch 12 in läben: Sein erster Dienst war Sitterdorf im Turgoüw, von dennen wurde er, wägen auffsazes der Übtischbedienten, erwehlt auff die Pfarr Cappel, von Cappel auff die Hälferey Bülach und von Bülach gen Dübendorff: was nun über solliches hin und här zeühen für ohnkösten auffgangind, ist bekant: Zu Dübendorff mußte Er under einen last stahn, der ihmme ohnertragenlich war: Selbiger Zeit erginge eine rathserkantnuß, daß die pfarrhäuser, so bouwlos, auß dem pfarreynkommen verbesseret werden solten: Mann machte zu Dübendorff den anfang und weylen alles mächtig im Abgang war, wurde der Kosten nit gering, sonderlichen auch beßwägen, weylen Herr pfarrer Gibel sel. von Schlieren, der zuerst dahin erwehlt war, einen nit vast nothwendigen neüwen Käller graben und bouwen laßen, hernach aber wider resigniert und zu Schlieren gebliben. Alle hierüber ergangne ohnkösten wurden meinem lieben Herrn sel. auffgelegt und selbige hernach am pfrundeynkommen abgezogen, maßen er dann anno 50, da er auff Liechtmäß aufgezogen, auff Martini selbigen jahrs von 48 Müt Kernen, 12 Malteren Habers und 12 Eimeren weyns überall nichts empfangen, da das stuk der trochnen Früchten 6 fl. gegolten; Und mußten im folgenden Jahre noch 30 stuk abgezogen werden vermög diser supplication beygelegter erkantnuß der Herren Räckenherren, den 18. 9br. anno 51 geschähen:

Das nun stieße uns bey unser großen Haußhaltung etlich 100 fl. Wir mußten vast zwey ganzer jahren über uns sälbs essen, kamend dahäro in nit geringe schulden, und stäkend leider darinnen noch hütigstags. Nach widerumb bestellter pfarr Dübendorff wurden ledig Oberwinterthur, Henkart, Egg und andere pfarrdienst, da es hoffe um so viel eher auf ein gnädiges Ohr für diese Bitte, da auch bouwens gemanglet; denen aber gienge deßwägen an ihrem pfarreynkommen nichts ab, und wo mann zu dem bouwen von dem pfarreynkommen etwas angewändt, wurde der pfarrer desselbigen ohrts widerumb reversirt, wie Oberwinterthur, so grad auff Dübendorff gefolget, bezeüget: Der einige arme pfarrer zu Dübendorff mußte es biß dahin an ihmme selbs haben, zu merklichem und ohnwiderbringlichem schaden seiner beschwärten haushaltung: Und wird so vil mihr in wüssen einiges Exempel einiches Kirchendieners nit zu namsen seyn, der dergleichen beschwerd habe tragen müssen; Neben dem daß er auch noch eine geraume Zeit einen Über und Wucherstier ver. (da etwann in einem jahr zween drauffgangen) der Gemeind erhalten müssen, biß von Oberkeit wegen mit abnämmung diser beschwerd, etwas änderung in dem pfarreynkommen geschähen; Auch noch sonsten in 90 fl. bouw ohnkösten gehabt.

Den 1. 10br. anno 60 ergienge, auff eine eyngelegte demütige supplication, eine Rhatserkantnuß, deren abschrift auch mit gägenwärtiger demütiger Bittschrift übergäben worden, woraus zu ersähen, daß mein L. Herr selig den hochoberkeitlichen erkantnußen, die übersichnämmung ob angeregter Bouwohnkösten beträffende, gehorsammlich nachkommen seige, und uns den Hinderlassenen auff begäbenden Fahl hochoberkeitliche Gnedige Hilfs Hand zu bieten verheißen worden. Dessen geläben ich arme betrübte witib mit meinen 12 vaterlosen waisen und 22 Kindeskindern der getrosten Hoffnung, solliche hochoberkeitliche verheißung, dißmahlen ihr gnädige erfüllung erreichen und der so empfindliche schaden ersetzt werden werde; und das umb so vil desto mehr, weylen Euwer meiner Gnedigen Herren hocher und großer gnad auch schon vor mihr, mit überlassung deß pfarreynkommens eines völligen ja auch anderthalbjahren erfreuwenlich genossen Unterschidenliche witeren söllicher Kirchendieneren, die der gleichen beschwerd nit tragen müssen; ja auch nur nit ein stund nachgedienet habend. Und so Jhr, mein Gn. Herren und Väter in meiner flähenlichen bitt mich grossgünstig erhören werden, könnte verhoffentlich, solang mihr und meinen armen Kinderen das eynkommen noch möchte gesprochen werden, mein lieber Sohn, Melcher Diebolt, welcher in der Zahl derjännigen ist, die ehist examinirt werden sollen, den Dienst zu gutem vermögen Eüerer meiner Gn. Herren und der gemeind versähen, massen auch vor diseren auff gleiche form, mit Schlatt geschähen und nach der Zeit mit Ottenbach und Altikon geschieht, doch überlasse ich alles billich Eüerer meiner Gnedigen Herren und Väteren gutachten: Den grundgütigen Gott eyffrigist anruffende, dass Er alle euwere rathschläg von der höche herab, weyters wie biss dahin, sägnen und Euch in allem erwünschten leibs- und der Seelen wolstand gnedigist erhalten wölle.

    Eüwer Ehrsamen Weissheit und
      Gnaden
      Underthenigist gehorsamme Burgerin
den 13. augusti Ester Ernin hr. felix Thiebold säl.
1677.   betrübte
        Wittib.

Im 18. Jahrhundert behandeln nachstehende Aktenstücke die Kirchengutsfrage:

Urteilsprotokolle der Vogtei Düsendorf 1776—81.
(B VII. 46-52.)

Actum freytags den 2. May 1777.

Prsts. Herrn Rathsherr Kellers.

Über den geschehenen Anzug des Herrn Pfarrer Gessners zu Düsendorf wie dass sich bey dasigem Kirchenguth alljährlich ein Hinterschlag zeige und selbiges bei jedesmahliger Rechnungsabnahme dem Kirchenpfleger mehr und minder schuldig verbleibe und dessnahen gethane einfraage, ob und auf was Urth und Weise die jährlichen ausgaaben aus diesem Kirchenguth etwann einzuschranken und zu verminderen möglich wären, dardurch sich gedachtes Kirchengutb etwelcher maaßen wieder erhollen könnte, ward auf den von ehrenbemeltem Hhrn Pfarrer Geßner dißfahls erstatteten Bericht sowohl daß er schon albereits zum Besten mehrgedachten Kirchenguths die Helfte der Leibdingen, welche bis dahin gänzlich aus selbigem bezahlt worden, dem Steuerguth zu bezahlen auferlegt, als auch auf desselben fernere geäußerte Gedanken, daß wann für die Zukunft die Kirchenrechnung nur zu 3 Jahren um abgelegt und die Rechnungsumköften für diese 3 Jahre nicht höher als selbige bis dahin alljährlich gewesen, bestimmt wurden, auch dieses ein Mittel seyn dürfte, dadurch das Kirchenguth im Erfolg der Zeiten der bisherigen Schuld entladen werden konnte, die nähere Berathschlagung und Verfügung hierüber wegen Abwesenheit MHerrn Zunftmeister und Amtsobervogt Ulrichs bis auf einen andern gelegnen Anlaase eingestellt.

1791. 18. März. Hochgeehrter Herr Zunftmeister und Pfleger! Hochgeehrte, Weise, Vortreflichste Herren Ober-Vögte!

Sie werden mir gütigst erlauben, eine ehrerbietige Bitte des E. Stillstandes zu Dübendorf Hochdenselben in den Schooß zu legen. Diese noch am Ende meines Vikariats bei der letzten Stillstands Versammlung, die ich den 6. März abhielt, an mich geschehene Aufforderung, konnt ich nicht ablehnen, da die Bitte gar so begründet mir einleüchtet.

Sie betrifft nämlich die neüen Einkäufer in der Pfarr Gemeinde Dübendorf, die bis dahin, wenn sie die Gemeinds Einzüge entrichtet und als Bürger in den Gemeinden sind angenommen worden, ohne weitere Abgabe an die Kirche, auch als Kirchgenoßen mußten angenommen werden, und so doch im Fall der Verarmung dem Armen- und Kirchen Gut zur Last fielen. Die Anzahl der neüen Einkäufer, besonders in der Gemeinde Gfenn, ist seit einigen Jahren sehr groß sowie auch in andern Nebenorten der Pfarrgemeinde. Ein Durchsehen der Gemeind Rödel zeigte mir, daß nur unter dem Pfarrdienste meines seligen Vaters, eilf Haushaltungen sich da eingekauft haben, deren einige sich gegenwärtig bis auf Kindes Kinder ausgebreitet

haben, so daß die Zahl der neü eingekauften mit ihren Familien sich bereits auf 60 beläuft, worunter manche, wieder weggezogene Haushaltungen nicht gerechnet sind. Wenn nun aus irgend einem Neben-Orte der Pfarr jemals ein Mensch elender und dürftiger Umstände halben der Versorgung im Löbl. Hospithal bedarf, wie würklich schon seit Manns Gedenken immer solche waren, so fällt die Vertischgeldung immer dem sonst gedrückten, armen Kirchen Gute zur Last. Auch sind bereits unter den neüen Einkäufern solche, welche schon die öffentlichen Güter beschwehren.

Sie Hochgeehrteste, Wohlweise Herren! wissen aus der Abnahme der Kirchen Rechnung selbst am besten den geringen, ärmlichen Zustand des Dübendorfischen Kirchen Guts. Die jährlichen Leibbding Zinse in Löbl. Hospithal belaufen sich auf 75 fl und zerren das Interesse des kleinen Capitals auf, und die übrigen unvermeidlichen Ausgaben übersteigen allso immer die Einnahmen.

Nun hat doch jede Gemeinde, auch selbst diejenigen, die keine Gemeind Güter, und allso ihre Bürger keinen Nutzen haben wie z. B. im Gfenn, ihren Einzug Brief, der eine gewisse Abgabe fordert, — warum sollte denn an die Kirche, deren sie bey ihrer Verarmung zur Last fallen, nichts zu entrichten billich seyn? Ich hoffe um so viel eher auf ein gnädiges Ohr für diese Bitte, da Unsre Gndhhrrn und Obern durch Landesväterliche Verordnung längst schon zu bestimmen geruhet haben, daß jede aus einer andern Gemeinde kommende Braut der Kirche, wohin sie kömmt, 10 fl erlegen muß — und doch kömmt sie einzig, nur ihre Person kann jemals zur Überlast werden, ihre allfälligen Kinder sind als Kinder des Manns schon Kirchgenossen, und ist allso nur ihr Individuum für welches die Abgabe entrichtet werden muß. Würde es allso unbillig seyn, daß ein Einkömmling, der für sich und seine Nachkommen als Kirchgenoß muß angenommen werden, dem Kirchen Gute eine gewisse Summe bezahlen müsse? — Ich weiß, hochgeehrteste Hhrn! Ihnen leuchtet die Billigkeit dieser Bitte ein, und Ihre väterliche Sorge für das Wohl der Pfarr Dübendorf wird auf ihre Gewährung bedacht seyn — ich weiß, die Gnädigen und Weisen Väter unsers Vaterlandes, an die Sie vielleicht diese demütige Bitte hinzuweisen geruhen, werden dem E. Stillstand von Dübendorf diesen Wunsch für das Wohl der Kirche nicht übel nehmen — und auch mir, der es sich zur wahren Freude macht, noch am Ende meines Vicariats einen Wunsch zum Besten der Kirche Dübendorf, in väterlichen Schooß niederzulegen, den schon mein seliger Vater hatte und den ich nun vor Hochdieselbe zu bringen von E. E. Stillstand zu Dübendorf aufgefordert ward, auch mir werden Sie es nicht ungütig aufnehmen.

Ich verharre mit aller Hochachtung zu seyn Hochgeehrte, Weise, Vortreflichste Herren! Dero gehorsamst ergebener Diener

Georg Geßner,

Dübendorf 18. März 1791   erwählter Diakon an der
                                                    Weisenhauskirche

Antwort:

Nachdemme Herr Diacon Gäßner, gewesener Vicari der Pfarr Kirch Dübendorf, namens E. E. Stillstands allda in einer bey Endsbemeldten HHerren Obervögten eingelegt ehrerbiethigen Bittschrift vorgestellt, was maaßen neue Einkäufere in dasige Pfarr Gemeinde, bis dahin ohne die geringste Abgabe an das Kirchengut haben angenommen werden müssen, da doch selbige im Fall der Verarmung dem Armen und Kirchengut zur Unterstützung obgelegen, die Hülfsquellen also (: davon sonderheitlich die einte als das Kirchengut von solcher Beschaffenheit daß deren jährliche Ausgaben die Einnahmen mehr und minder beträchtlich übersteigen :) Dardurch empfindlich gedruckt und belastet werden müssen; und deßnahen unter mehreren angeführt einläuchtenden Gründen um kräftige Hülfshande zu gnädiger Erlangung einer oberkeitlichen Verordnung, nach welcher jeder neue Einkäufer ein zu bestimmende Geldsumm an das Kirchengut zu entrichten schuldig, angelegentlich bittet; Ehrengedachte, Hochgeehrte HHerren Obervögte auch diese Bitte aus hinlänglicher Überzeugung und gänzlichem Bewußtseyn, daß das Kirchengut (: deme nicht nur beträchtliche Ausgaben zu Unterstützung der Armen zuwachsen, sondern auch die Unkösten bei allfähligen Bau-Reparationen an der Kirche zu bestreiten obliegen :) aller möglicher Unterstützung bedarf, zwar in allen Theilen billich befunden, alleine aber in Ermanglung eines diesfähligen Kirchenbriefs, womit andere Gemeinden von UGnädigen Hherren begnadiget worden, und weilen in dem Einzug Brief der Gemeind Dübendorf von keiner Abgabe an das Kirchengut gedacht wird, sehen sich mehrermeldte hochgeehrte Herren Obervögte außer Stande gesezt, neüe Einkäufer zu einer Abgabe an das Kirchengut anhalten zu können; weß nahen Hochdieselben sich genöthiget finden, erwehnte Bittschrift durch gegenwärtige Weisung in Beylaage Euch Unsern Gnädigen Hherren zu gnädiger Beherzigung vorzulegen, und den darin geäußerten Wunsch E. E. Stillstands zu gnädiger Gewährung auf das kräftigste zu empfehlen.

Actum Freytags D. 9. Aprill 1791
  Prstbs. MHochg. E. Hhrn. Zunftmeister Ulrich und MHochg. Eh. Rathsherr
    Kellers.

1835 wurden die Pfrundgüter, bestehend in c. 4 Juch. Mattland und Wiesen, nebst der Schenne, für 2600 fl. veräußert. Aus dieser Scheune ist später ein Doppelwohnhaus im Bettli erstellt worden.

1858 wurde der Civilgemeinde Dübendorf die endgültige Abrechnung den Zehnten betreffend vorgelegt.

Der Referent gab dabei (Gem. Protok.) als Einnahmen,
Restanzen am Zehntenkapital . . fl. 3610. 37 k. 8 hlr.
als Ausgaben, Abschlagszahlungen
an die Domänenkasse, Auslagen des
Verwalters . . . . fl. 3469. 5 k. — hlr.
und als Überschuß . . . . . . fl. 141. 32 k. 8 hlr.
     oder Fr. 350. 31

an, erklärt es aber für eine reine Unmöglichkeit, in den Wirrwarr dieser Rechnungsverhältnisse sich hinein zu arbeiten. Die Rechnung wird gleichwohl abgenommen und der Überschuß an die Kosten der notarialischen Löschung verwendet, wofür der Verwalter event. persönlich noch weiter behaftet wird.

Seitdem wird für das Kirchengut in der Regel jährlich 1°/₀₀ Steuer bezogen. Die Kosten für Kirchhofbauten und Glocken sind darin nicht begriffen.

Eine regelmäßige Einnahme des Kirchengutes bildete früher die Pachtversteigerung der Kirchenstühle, welche alle 10 Jahre stattfand, bis sie im Jahr 1894 zu allseitiger Befriedigung abgeschafft wurde.

Wir geben zum Schlusse noch aus neuerer Zeit eine Übersicht der

Kirchengutsrechnung.

			1890.	1891.
Aktiven.				
Realisierbare:	Kapitalien	Fr.	9,642.50	9,642.50
	Barschaft	„	14.54	659.75
Nicht realisierbare:	Gebäulichkeiten	„	44,000.—	44,000.—
	Mobiliar	„	1,992.—	1,992.—
		„	55,649.04	56,294.25
Passiven.				
Kapitalschulden		Fr.	1,100.—	—
	Reines Vermögen	„	54,549.04	56,294.25
Corrent-Einnahmen.				
Zinse		Fr.	383.81	383.81
Steuerpflichtiges Vermögen der Gemeinde			2,133,100	2,213,100
Zahl der steuerpflichtigen Haushaltungen			460	473
„ „ „ Männer			529	551
	Summe der Steuerfaktoren		3,122.1	3,237.1
Steuer 1°/₀₀ =		Fr.	3,122.10	3,237.10
	Steuernachzahlung:	„	—	21.—
Vollständig eingegangen.				
Von Frau Baltensperger f. 95 Kg. Coaks à 6 Rp.		Fr.	5.70	—
Total: Übertrag und Jahreseinnahmen		„	58,060.65	59,936.16
Ausgaben.				
Jahresbesoldung für Sigrist		Fr.	500.—	500.—
„ „ Vorsinger		„	150.—	150.—
„ „ Wächter		„	4.—	4.—
Rechnungsprüfungskommission		„	10.—	10.—
Gemeindschreiber für Anfertigung des Steuerrodels		„	15.—	—
	Übertrag	Fr.	679.—	664.—

	1890.	1891.
Übertrag Fr.	679. —	664. —
Bezirksrat Uster für Ratifikation . . . . . . „	3.70	—
Bezugsgebühr der Steuer . . . „	31. —	32. —
Besoldung des Verwalters . . . . „	20. —	20. —
Ein Gang nach Zürich demselben . . . . . . „	2. —	2. —
Rechnungsstellung . . . . „	7. —	7. —
Porto und Schreibmaterial . . . . „	2. —	1.60
Passivzinse . . . . „	14.60	—
Amortisationen . . . . „	1,100. —	—
Reinigung, Beheizung und Beleuchtung der Kirche und des Unterweisungszimmers,		
dem Sigrist . . . . . „	29.50	26.50
andern . . . . . . „	136.70	191. —
Erstellung und Unterhalt von Gebäulichkeiten . . „	38. —	10.70
Nachtmahlwein und Brot . . . . „	84.55	92.40
Beitrag an Begräbniswesen . . . . „	180. —	180. —
„ „ Unterrichtszimmer . . . . . . „	—	65. —
Verschiedenes (worunter Fr. 300 Besoldungszulage an den Pfarrer) . . . . „	538.35	710.10
Abrechnung: Defizit . . . . „	500.08	—
Überschuß . . . . „	—	1,139.53
Reines Vermögen . . „	56,294.25	57,933.86

Übersicht der nicht realisierbaren Aktiven der Kirchengutsrechnung 1890.

Gebäulichkeiten.

Kirche	. . . .	Fr. 24,000. —
Kirchturm	. . . .	„ 8,000. —
Bestuhlung	. . . .	„ 2,000. —
Taufstein	. . . .	„ 400. —
Kanzel	. . . .	„ 600. —
Glockenstuhl	. . . .	„ 600. —
4 Glocken	. . . .	„ 8,000. —
Turmuhr mit 4 Zifferblätter	. . .	„ 400. —
		Fr. 44,000. —

Mobiliar.

Taufwasserkessel	Fr. 4.—
Stubl für Nachtmahlkannen	„ 2.—
Nachtmahlservice (von Silber, samt Teppich)	„ 1,800.—
6 zinnerne Kannen	„ 45.—
6 hölzerne Becher	„ 10.—
Taufkanne	„ 7.—
Taufsteintücher	„ 8.—
Beleuchtungsapparat	„ 55.—
Vorhänge im Pfarrhaus	„ 30.—
Kirchliches Personalregister	„ 31.—
	Fr. 1,992.—

8. Kapitel.

Die Ortschaft Dübendorf.

Unter Hinweis auf Kap. 7 können wir die der Kirche zunächst liegende Häusergruppe, welche das Weil genannt wird, als Ausgangspunkt des ganzen Dorfes ansehen. (Der Name Weil oder Wyl wird von dem lateinischen Worte villa hergeleitet, das ursprünglich ein Landhaus mit oder ohne Nebengebäude oder einen Bauernhof bezeichnete.)

Weitere Ansiedelungen erfolgten an den Ufern der Glatt, wozu der ergiebige Fischfang und die günstigen Verhältnisse für Erstellung von Mühlen einluden. Daraus entstand das Oberdorf und das Unterdorf.

Über den Besitz der Liegenschaften sind folgende Einzelheiten urkundlich nachgewiesen.

1257. Burkhard von Gottesgnaden Abt von Reichenau zeigt der gesamten Christenheit an, daß Graf Rudolf von Rapperswyl die

Reichenauer Lehen in „Tübilndorf", deren Jahresertrag auf 20 Mark Silber geschätzt wird, zum Heil seiner Seele an Reichenau zurückgebe unter der Bedingung, daß dasselbe dem St. Johannesspital in „Bubinkon" zu ewigem Besitz abgetreten werde. Abt und Convent nebst einigen Ministerialen bewilligen diese Abtretung gegen einen, jährlich auf Martini dem Abte zu entrichtenden Zins von 3 ff. Wachs. Wird besiegelt vom Bischof Eberhard von Constanz, vom Kapitel Reichenau und von den Grafen Hartmann von Kyburg und Rudolf von Rapperswyl. Geschehen im Kloster Töß
Februar 1257.

1280. Graf Rudolf von Rapperswyl, Sohn, bestätigt die vorgenannte Vergabung seines Vaters und nimmt einen Teil der Güter wieder vom Hause Bubikon zu Lehen, wofür er einen Zins von 4 ff. Wachs entrichtet, zahlbar auf Johannes des Täufers Tag.[1]

1315. Ein anderer Teil der Reichenauer Lehen vererbt sich von Conrad von Dübelstein auf Rüdiger Brosem und Frau Anna Wolfleibsch in Zürich.[2]

Brosem verkauft seinen Teil um 44 Mark Silber an die Frau Wolfleibsch, und diese empfängt denselben neuerdings als Lehen aus der Hand des Abtes von Reichenau.

Für diese Güter und den Tobelhof soll jährlich 1 ff. Pfeffer als Zins gegeben werden. Bei weitern Handänderungen soll der Übernehmer binnen Monatsfrist die genannten Güter als Erblehen vom Abte empfangen und ihm dafür eine Mark Silber entrichten.

Jeder Erbe oder Käufer der Güter, der dieselben verkaufen will, soll sie zuerst dem Abt zum Kauf anbieten und zwar um eine Mark billiger als andern Leuten. Will aber der Abt oder der Konvent die Güter nicht kaufen, so kann der Eigentümer sie nach Belieben veräußern, nur nicht an eine Kirche, Gotteshaus, geistliche Leute oder Gemeinden.

[1] Arch. Bubigheim.
[2] Arch. Karlsruhe.

Der Abt bestätigt den Kauf mit seinem Siegel in Steckborn am nächsten Mittwoch nach St. Jakob (30. Juli) 1315. Frau Anna Wolfleibsch läßt den Brief durch ihren Gatten besiegeln.

1316 verleiht das Haus Bubigheim den „Hof zu Dübendorf" an Rudolf Giel von Glattburg.[1]

1317 verkauft Konrad Biberlin, Burger in Zürich, seinen Teil des Kelhofs zu Dübendorf um 51 Mark Silber an das Haus Bubigheim.[2] Letzterem gehörte damals schon die Ortschaft Hermikon, für welche 1326 in einem Wegrechtstreit mit den Leuten im Gfenn der Schaffner des genannten Hauses, Konrad von Lichtensteig, eintritt.[3]

1351 kauft das Haus Bubigheim die Erben des Konrad Biberli mit 100 ℔ Pfennig aus. Der Schaffner Konrad von Lichtensteig, der diese Summe vorschießt, erhält dafür ein Leibgeding aus den betreffenden Gütern.[4]

1391 verleiht die Abtei Fraumünster in Zürich an „Heinrich den Knaben" in Dübendorf und seine Erben ein Gut daselbst, „so Heini Jung gebauen hat, um jährlichen Erblehenzins von 7 Mütt, 3 Viertel Kernen und 80 Eiern."

1395 verkauft das Haus Bubigheim einen Teil seines Kelhofs zu Dübendorf an Ulrich Keller.

1396 giebt Elsbeth von Kloten, geb. Biberli, ihren Töchtern verschiedene Liegenschaften in Meilen, Dübendorf und Buchs zu Leibgeding.

1400 verkauft das Haus Bubigheim alle seine Güter zu Dübendorf an die Witwe des Niklaus Streuli, Burgers zu Zürich.

1403 giebt die vorgenannte Elsbeth von Kloten dem Kloster Ötenbach ein Gut zu Dübendorf.

1420 verkauft das Prediger-Kloster drei Höfe zu Dübendorf an die Gebrüder Obrist daselbst, — und das Kloster Ötenbach ein Haus bei der Kirche Dübendorf an Hans Weber, dem es noch die zugehörige Hofstatt als Erblehen giebt.

1424 verkauft Heinrich Äpli in Zürich seinen Kelhof zu Dübendorf an Gebrüder Keller daselbst.

[1]–[4] Archiv Bubigheim 49, 52, 63, 64.

1426 erläßt der Kommendator Joh. Schwarber im Gfenn ein Testament über die Einkünfte vom Kelhof zu Dübendorf zu Gunsten der Lazariterklöster Gfenn und Seedorf. (Vgl. Gfenn.)

1442 verkauft Hertegen von Hinweil an Ulmann Trinkler in Zürich drei Höfe zu Dübendorf.

1458 verkauft Joh. Hofmann der Schneider, von Zürich, den Trinklerhof an Rudi und Heini Meyer von Fällanden.

Der Name Tuobilndorf kam auch einem Adelsgeschlechte zu, aus welchem die Brüder Burkhard und Gerlo im Jahr 1130 als Zeugen bei der Gründung des Klosters Fahr durch Lütold von Regensberg angeführt werden. Chuno (Konrad), Ritter und des Raths zu Zürich nennt sich 1274—1281 bald de Thuebelstein, bald de Tübelndorf, von 1282—1295 immer de Tübelstein. Ebenso seine Nachfolger. 1372 starb das Geschlecht aus.

Von Dübelstein, Gfenn und Stettbach werden die folgenden Kapitel handeln.

Hermikon gehörte, wie schon erwähnt, dem Ritterhaus Bubikon und wird also von diesem zunächst an die Wittwe Streuli (f. S. 54) gelangt sein. Über seine politische Zuteilung zu Dübendorf sind dem Verfasser keine Aktenstücke bekannt, ebenso wenig über den Gehren, während Gokhausen schon in der Offnung ausdrücklich zu Dübendorf gerechnet wird, im Gegensatz zu Gehren, Kämaten und Stettbach. Kirchlich gehörte Hermikon mindestens seit 1682 zu Dübendorf.

9. Kapitel.

Die „Veste" Dübelstein.

Während der Name de Dübelstein schon 1276 vorkommt, ist von der Burg selbst erst 1348 die Rede.

Im Gegensatz zu den durchweg hölzernen Häusern der meisten Städter und Landleute bauten sich die adeligen Grundbesitzer des Mittelalters steinerne Wohnsitze, die unter damaligen Verhältnissen als kleine Festungen zu betrachten, und entweder in die Ringmauer der Städte eingefügt waren oder im freien Felde, noch öfter von Bergeshöhe die umliegende Landschaft bedrohten.

Die ältesten Schlösser bestanden nur aus einem einfachen viereckigen Turm, dessen meterdicke Mauern aus unbehauenen Steinen aufgeführt waren. Zeugnisse dieser Bauart sind heute noch der Grimmenturm in Zürich, der Hardturm im Sihlfeld, die Schlösser Greifensee, Hegi und Frauenfeld. Der Eingang war in solcher Höhe angebracht, daß er nur mit einer Leiter oder Treppe erreicht werden konnte und sich daher um so leichter absperren ließ. Die untern

Räume dienten als Vorratsräume, Keller oder Gefängnisse (Burgverließ).

In späterer Zeit schlossen sich an den Turm noch andere Bauten als Wohnungen für die Dienerschaft, Stallungen für die Pferde an. Vermutlich waren aber diese Nebengebäude weniger massiv als der Turm und wurden öfter durch Feuer zerstört.

Auch Dübelstein „verbrann 1611 bis an den Thurn" der infolge davon ebenfalls zerfiel. 1682 nahm man Steine davon zum Umbau der Kirche und später zur Erstellung der jenseits des Schloßgrabens befindlichen Häuser.

Als Besitzer des Schlosses Dübelstein werden genannt:

Konrad oder Chuno von Dübelstein, Ritter 1280

„ „ „ Edelknecht 1306

„ „ „ Dominikaner und Gutthäter des Predigerklosters. Mit diesem stirbt das Geschlecht 1372 aus.

Friedrich Stagel

Joh. Schwend der Lang 1391

„ „ „ Jüngst 1435

Paul Göldli von Tiefenau 1442

Erhard Tyg, Burger zu Zürich 1455

Heinrich am Lew zu Eglisau 1464

Schwiderus von Göttlikon, Chorherr 1465.

In St. und L. 3022 berichtet Heinrich am Lew „zu Dübelstein, Vogt zu Dübendorf" über den Kauf des Kilchmatters Zehndens, der im Vogtgerichte von 1462 vor ihn gebracht wurde. Wie und wann er zum Besitze des Schlosses kam, ist aber unklar, weil im Jahre 1465 (Hornamt 26) Erhard Tyg bezeugt, daß Swiderus von Göttlikon an die ihm (dem Tyg) schuldigen 1000 fl. von und ab der Veste Dübelstein 400 fl. bezahlt habe. Nach Mem. Tig. 1780 p. 116 betrug der Kaufpreis für Tyg im Jahr 1455 815 fl. Zürich-Pfenning, für Swiderus aber 10 Jahre später mehr als das 3fache, nämlich 1550 fl. Dieser große Unterschied beruht vielleicht darauf, daß das Kaufobjekt im alten Zürichkrieg Schaden gelitten hatte und noch in verwahrlostem Zustande an Tyg gekommen war, der es dann wieder aufbesserte und so seinen Vorteil daraus ziehen konnte.

Von Swiderus von Göttlikon kam Dübelstein 1468 an Berthold Schwend. Sodann verkaufte 1487 Schwederus Schwend dem Burgermeister Waldmann, die veste tübelsteyn mitsampt dem wingarten und infang och mit dem zins im geren, der hofreite und allen gütern darin und darzu gehörende och die vogtye zu tübendorff mit dem zehenden daselbs . . . . . um sybenzehen hundert rinisch guldin, dero der bemelt schwend von dem benambten unserem burgermeister also bar uszricht und bezahlt ist." (Urkunde im Zch. Staatsarchiv.)

Wir haben früher S. 52 gesehen, daß die meisten Liegenschaften in Dübendorf ursprünglich Reichenauer Lehen der Grafen von Rapperswyl waren und von diesen teilweise an das Haus Bubikon übergingen. Nun werden zur Zeit von Schwend und Waldmann die Grafen von Werdenberg als Lehenherren der Veste Dübelstein genannt, was vielleicht damit zusammenhängt, daß um 1316 ein Graf Hug von Werdenberg Comthur des Hauses Bubikon war.

Nach Waldmanns Tode 1489 wechselte das Schloß seinen Besitzer durchschnittlich alle 7 Jahre. Von bekannteren Namen finden wir da 4 Escher, 1 Röust, 1 Tafelhofer. Der letzte: Marx Escher konnte bei dem Brande von 1611 mit Mühe sich und seine Familie vom Tode erretten.

Nach der Feier zum Andenken Waldmanns im Jahre 1889 erwarb das Komite für die Waldmannausstellung den von Gestrüpp überwucherten ehemaligen Schloßhügel, legte die Grundmauern bloß und richtete die Oberfläche zu einem bequemen Aussichtspunkt ein, der durch eine Gedenktafel geziert wurde. Am 4. Oktober 1891 übergab Konsul Angst im Namen des genannten Komite die restaurierte Ruine feierlich an die Stadt Zürich. Neben einer Abordnung des Stadtrates mit Stadtpräsident Pestalozzi an ihrer Spitze, nahm auch die Kämbelzunft und andere Korporationen an dem festlichen Akte Teil. Major Stutz versprach im Namen der Gemeinde Dübendorf treue Hut des Denkmals.

10. Kapitel.

Gfenn und Stettbach.

a) Das Gfenn.

Zunächst unabhängig von Dübendorf entwickelte sich, ebenfalls schon im Mittelalter, das Gfenn — in lateinischen Urkunden Gevennes — als Lazariter-Kloster, auf einem Hügel zwischen Schwerzenbach und Wangen gelegen.

Über die Gründung dieses Klosters berichtet in den Jahren 1314—1321 der Komthur Sigfrid in den für die Lazariterhäuser in Seedorf, Gfenn und Schlatt erlassenen Statuten folgendes:

König Balduin erkrankte in Jerusalem am Aussatz. Das Spital St. Johannes daselbst nahm keine Aussätzigen auf. Balduin entschloß sich, für dieselben ein Spital zu bauen, das er dem h. Lazarus widmete. In diesem Spitale sollten stetsfort 52 Brüder zur Pflege der Siechen, der h. Christenheit und dem heiligen Grabe zu Dienste sein. Im Streite wider die Heiden sollten die Lazariter die ersten und nach dem Streite die letzten zur Rückkehr sein. St. Lazarus erschien dem König im Traum, führte ihn über das Meer und die Berge in ein wildes, rauhes Land und zu einem Klösterlein von Benediktiner Nonnen. Diese beteten für seine Gesundheit Tag und Nacht, und am Morgen fühlte er sich geheilt.

Als der König von dem Traum erwacht war, erfuhr er, daß unter den Pilgern in Jerusalem einer aus dem Lande Uri, Namens von Beroldingen sei. Derselbe erkannte in der Schilderung des Königs seine Heimat und erbot sich, ihn dahin zu begleiten. Ungeachtet der winterlichen Jahreszeit gelangten sie im März glücklich über den Gotthard nach Seedorf, wo der König im Kloster blieb und die Klausnerinnen seine Genesung erflehten. Aus Freude darüber machte Balduin dem Kloster reiche Vergabungen und stiftete daselbst ein Lazariterhaus. Als er dann zum Kaiser Heinrich reiten wollte, um jene Vergabungen bestätigen und den Klöstern gewisse Freiheiten und Rechte verleihen zu lassen, blieb sein Roß zwischen Dübendorf und Greifensee stehen und ließ sich nicht weiter treiben. Der König sah darin einen göttlichen Wink, auch an dieser Stelle ein Kloster zu bauen.

Mit der Leitung des Baues beauftragte er die Frau Martha von Hartenstein aus Seedorf und setzte dieselbe zur ersten Meisterin über das Kloster ein, das demjenigen in Seedorf unterworfen wurde.

Laut Kirchenurbar zu Uster sagt eine Vergabungsurkunde des Bruders Johannes, der zur Zeit des Peter von Rinze, obersten Meisters des Lazarusordens — Commendator des Gotteshauses im Gfenn und auch zu Seedorf gewesen: „solches Stifter seye gewesen Graf Rudolf von Rapperswyl und Bruder Berchtold Fantyli S. Lazarusordens." Dieselben werden in verschiedenen Urkunden genannt, woraus sich schließen läßt, das Kloster sei im ersten Viertel des 13. Jahrhunderts gestiftet worden.

Durch Schenkungen und Käufe erlangte das Kloster die Mühlen zu Dübendorf, auch Güter zu Hermikon, Wangen, Hegnau, Seuzach und Steinmaur und die Kirche zu Meiringen in Hasli. Diese letztere ging jedoch schon 1275 an das Augustinerkloster Interlaken über, und das Gut zu Wangen wurde 1274 an Heinrich Fruje in Zürich verkauft.

Aus der Angabe, daß König Balduin die Bauleitung und später auch die Aufsicht über das Kloster selbst einer Frau übertragen habe, konnte man schließen, dasselbe sei anfänglich ein Nonnenkloster gewesen. Damit steht aber nicht im Einklang die Doppelbestimmung des Lazariterordens, Kranke zu pflegen und wider die Heiden zu streiten. Außerdem ist in der weitern Geschichte des Klosters nur von männlichen Komthuren — Meistern, Gubernatoren, Pflegern — und Konventbrüdern die Rede.

Um die Mitte des 14. Jahrhunderts scheint ein Wechsel stattgefunden zu haben; denn im Jahr 1368 kauft Bertha von Hünenberg, Pflegerin und Meisterin des Gotteshauses im Gfenn, von Hermann von Landenberg in Greifensee die Ober- und Niedermühle zu Dübendorf, und es werden noch weitere Klosterfrauen daselbst genannt. Gleichwohl müssen neben diesen auch männliche Konventualen dagewesen sein.

„Wegen eingerissener Unordnungen und Mißbräuche" befiehlt nämlich 1413 der Generalkomthur des Lazarusordens den Meisterinnen und Schwestern im Gfenn und Seedorf, einen guten und getreuen Priester von gereiftem Alter als Bruder ins Kloster aufzunehmen, ihm die Gelübde der Keuschheit, Armut und des Gehorsams abzuverlangen und ihn dann binnen vier Monaten zum Pfleger des Klosters zu ernennen. Derselbe soll im Verein mit den Meisterinnen die beiden Klöster nebst andern dazu gehörenden Orten, die zeitlichen und geistlichen Güter gleich den Personen beiderlei Geschlechts, haben sie Profeß gethan oder nicht, regieren und erhalten.

Die Wahl wird von den Konventfrauen der beiden Klöster getroffen und fällt auf den Konventualen Johannes Schwarber von Eglisau, der sich in der Folge als sehr tüchtiger Pfleger erweist. Neben und unter ihm sind noch andere Konventbrüder: Präceptoren, Kommendatoren, und zu den Klosterfrauen gehört auch Schwarbers eheliche Tochter.

In den Jahren 1486—89 zeigen sich wieder Streit und Unsittlichkeit im Kloster Gfenn, das seinem Verfalle entgegengeht und bei Anlaß der Reformation gänzlich aufgehoben wurde.

Von da an war das Gfenn nach Dübendorf kirchgenössig und erhielt auch zeitweise einen Vertreter unter den Ehgaumern.

Die Güter und Gülten des Klosters fielen dem Siechenhause an der Spannweid zu, welches die Klostergebäude samt Umgebung dem Heinrich Escher, Vogt zu Greifensee, verkaufte.

Politisch verblieb das Gfenn bis Ende des 18. Jahrhundert der Landvogtei Greifensee zugeteilt, womit die folgende Begebenheit zusammenhängt:

Die ehemaligen Klosterräume dienten eine Zeit lang als Wirtschaft. 1785 wurde diese an die damalige Landstraße, — wo jetzt die neue Straße mit ihr zusammentrifft — verlegt. Um dieselbe Zeit, 1781—1787 regierte als Landvogt in Greifensee der originelle Salomon Landolt.

Als dieser einmal vernahm, daß eine Bande von Spielern im Gfenn ihre Zusammenkünfte habe und jeden Einkehrenden, natürlich zu dessen Schaden, zum Mitspielen zwinge, ging er selbst bei dunkler Nacht, als Tiroler Krämer verkleidet, in die verrufene Wirtschaft und fand da jene Nachricht bestätigt. Die Spieler beschimpften ihn wegen seiner Zurückhaltung und wollten ihn zur Thüre hinauswerfen; da öffnete Landolt das Fenster und pfiff durch die Finger, worauf sofort 6 Bewaffnete ins Haus drangen und die Übelthäter festnahmen.

Für die ehemalige Zugehörigkeit des Gfenn zur Landvogtei (und später zum Oberamt) Greifensee zeugt auch noch ein uralter Markstein zwischen Gfenn, Schwerzenbach und Hermikon, der an der Nord- und Ostseite mit G, an der Süd- und Westseite mit K bezeichnet ist.

Jenen früheren Verhältnissen gemäß blieb das Gfenn dem Notariatskreis Greifensee, Hermikon demjenigen von Kyburg zugeteilt bis 1873, wo die Notariatskreise mehr den Grenzen der politischen Gemeinden angepaßt wurden.

Die Kirche des Klosters Gfenn ist in den wesentlichen Teilen heute noch erhalten. Das Chor und die östliche Hälfte des Schiffes dienen als Wohnung, das westliche Ende als Scheune. Die Glocken der Kirche sollen nach Schwerzenbach und Fällanden gekommen sein. Vom Konventhaus bestehen nur noch die Grundmauern, auf denen im Jahr 1828 ein neues Haus mit mehreren Wohnungen errichtet wurde.

b) Stettbach.

stand nebst Schwamendigen und vielen andern Ortschaften bis zur Reformation unter der Gerichtsbarkeit des Großmünsterstifts in Zürich. Bei Anlaß der Aufhebung aller Klöster daselbst ging jene Gerichtsbarkeit an den Rath der Stadt Zürich über und blieb dem Stift nur die Nutznießung an Zinsen und Gefällen, um daraus die Kosten der Lehre und die Leibesnahrung der Stiftsherren zu bestreiten. Stettbach gehörte nun zur Obervogtei Schwamendingen, welche 1615 mit der O.-V. Dübendorf vereinigt wurde. (Vgl. 4. Kap.: Die Kirche.)

II. Kapitel.

Verfassung.

Bis zum Ende des 14. Jahrhunderts waren die Grafen von Rapperswyl (bezw. Werdenberg) als Lehenträger in Dübendorf zugleich Reichsvögte daselbst.

Im Jahre 1400 erwarb die Stadt Zürich vom König Wenzel das Recht, den Reichsvogt zu ernennen und die Reichssteuer für sich zu behalten.

Der Vogt hielt jährlich 2 regelmäßige Gerichte. In diesen mußten alle Vogtleute, welche Grundeigentum innerhalb der Vogtei hatten, und alle Hörigen, welche in dem Umfang der Vogtei ein Erblehen hatten, persönlich erscheinen. Der Vogt wurde von dem Meier des Grundherrn oder den Vogteileuten festlich empfangen und bewirtet, worauf er unter freiem Himmel vor allen vogteipflichtigen Leuten das Gericht eröffnete.

Im grundherrlichen Gericht hatte der Vogt einzig die Vollziehung zu besorgen, im Vogtgericht aber vermittelte er selbst alle Streitigkeiten und Güterverkäufe der Vogteileute, die ihm dafür den dritten Teil des Baarerlöses entrichten mußten.

In der Gemeindsverwaltung, die zunächst von einem Untervogt und 4 Ewälten[1]) besorgt wurde, führte der Reichsvogt die Oberaufsicht und bezog die verschiedenen Gefälle samt den Bußen, die er bis auf einen gewissen Betrag für leichtere Vergehen ansetzen durfte.

Der letzte Reichsvogt, der in Dübendorf ein persönliches Regiment führte und die Leistungen und Erzeugnisse der Gemeinde seinen eigenen

---

[1] Ewalt Verwalter des Gesetzes. Man vergleiche: Ehe = gesetzlich geregelter Geschlechtsverkehr; — Ehgaumer = gesetzlicher Aufseher; Ehgraben = öffentlicher gesetzlicher Abzugsgraben.

Interessen dienstbar machen konnte, war der Bürgermeister **Hans Waldmann** in Zürich.

Die damaligen Rechtsverhältnisse sind in der schon früher erwähnten „Offnung" ausführlich dargelegt. In heutiger Schreibweise würde dieses, nach Stil und Orthographie etwas schwer verständliche Dokument folgenden Wortlaut haben:

1. Alle Gerichte, soweit das Dorf und dessen Güter reichen, sind eines Herrn und Vogtes, ausgenommen das Blutgericht, welches dem Vogt von Kyburg zusteht.

2. Jeder Hausgenosse (Grundeigentümer) zu Dübendorf soll im Mai und Herbst zum Gericht dahin kommen, widrigenfalls er dem Vogt 3 Schilling Buße zu zahlen hat. Ebenso wer kein Gut hat und nicht im Gericht gesessen ist.

3. Dasselbe gilt für die, welche in Dübendorf Recht zu suchen haben.

4. Hat ein Gast bei einem Hausgenossen Recht zu suchen, so muß er ihn im Voraus vertrösten, daß er bei dem Rechte bleibe, oder schwören, demselben Rechte gehorsam zu sein.

5. Wer vor dem Vollzug des Gerichtes sich entfernt, verfällt in eine Buße von 9 ß. an den Vogt. Der Ansprecher hat dem Kläger 3 ß. zu bezahlen.

6. Die höchste dem Vogt verfallene Buße beträgt 18 ß. Pfennig. Für Stallung geben und Stallung brechen, sowie für Messerzucken gelten die gleichen Bestimmungen wie in Zürich.

7. Nächtlicher Überfall in oder außer dem Hause wird mit 18 ß. an den Vogt und 6 ß. an den Kläger gebüßt.

8. Hertfellig machen (Körperverletzung?) zieht 9 ß. Buße an den Vogt, 3 ß. an den Kläger nach sich.

9. Wer sich einem Gerichtsspruch nicht unterzieht, büßt mit 3 Schillingen an den Vogt.

10. Wo einer dem andern gichtig (d. h. der Schuld geständig) ist, soll ein Weibel dem Kläger Pfande geben und 8 Tage im Gericht liegen lassen und dann mag er sie in Zürich verkaufen.

11. Auch für alle andern Frevel muß man dem Vogte büßen nach altem Brauch.

12. Jeder Hausgenosse soll dem Vogte jährlich mit einem Zug oder mit seinem Leibe einen Tag dienen.

13. Jede Feuerstelle soll dem Vogt ein Fastnachthuhn geben.

14. Der Vogt hat eine Taverne, doch darf jeder das Recht zu wirten vom Vogt erkaufen. Hat er den Wein angeschafft, so soll er den Anwälten (Gemeinderäten) den Preis davon angeben und an einem Kopf 2 Pfennige Gewinn haben. Ist das Faß leer, so soll der auf Borg getrunkene Wein bezahlt werden.

Wenn ein Wirt nicht Wein und Brot, oder Teig in der Mulde hat, oder ein Knecht mit Brot unterwegs ist, soll der Wirt dem Vogt 3 Schilling zahlen. Verweigert der Wirt aus Feindschaft die Herausgabe von Wein und Brot, so darf der Gast solches nehmen, nachdem er $1/3$ des Preises in Geld oder Pfändern auf das Faß gelegt hat.

Ungewannetes Korn und blutige Pfänder braucht der Wirt nicht anzunehmen.

15. Ein Bannwart soll dem Vogt jährlich 6 Schilling 8 Pfennig geben, damit er ihn beschütze.

16. Ein Schweinhirt soll einem Herrn jährlich 6 Schilling 8 Pfennig geben, damit er ihm hilft seinen Lohn einziehen.

17. Zugelaufenes Vieh kann ein Herr 6 Wochen und 3 Tage im Gerichtskreis behalten. Nachher hat er es dem rechtmäßigen Eigentümer, wenn solcher sich meldet, gegen Vergütung des Futtergeldes auszuhändigen; sonst bleibt es des Vogtes Eigentum.

18. Zu Dübendorf in der Glatt ist von jeher eine Fischenz, die sich von der Einmündung des Kriesbachs bis zum Hermiker Steg und den Kriesbach hinauf bis Zisis Wiesen und von da bis an den alten Bach erstreckt. Sie gehört dem Meis, (?) der sie um beliebigen Preis verpachten kann. Die Hausgenossen dürfen darin fischen mit Storbehren, Angelschnur und Zeinen, aber nur für ihren Hausbedarf.

19. Die zu Dübendorf nehmen das Recht in Anspruch, daß bei Ausbruch eines Krieges der Vogt ihnen davon Kenntnis geben und sie beschützen solle damit das Kriegsvolk weder in ihr Dorf noch über ihre Güter ziehe, noch daselbst ein Lager habe. Dafür sollen sie dem Vogt und seinem Knecht während des Krieges Nahrung geben.

20. Ferner haben die zu Dübendorf das Recht, die Eichel- und Buchenmast für fremde Schweine zu verwehren, wozu der Vogt ihnen einen Knecht beigeben soll. Der Vogt darf dafür eine Herde Schweine bis auf 30 Stück haben.

21. Wenn die jährliche Amtsdauer der 4 Ewälte (Gemeindräte) abgelaufen ist, haben sie 4 andere zu wählen, sei es aus ihren Vorgängern oder ganz neu. Diese 8 ernennen den Bannwart. Können sie sich nicht einigen, oder sind mehrere Bewerber da, so kommt die Sache an die Hausgenossen, deren Mehrheit endgültig entscheidet.

22. Der Bannwart soll bei Tagesanbruch aufstehen, Holz und Feld beaufsichtigen, und wenn er Vieh auf fremdem Boden findet, dasselbe vertreiben lassen oder selbst fortjagen. Der oder die Eigentümer des Viehs haben dem Vogt 3 Schilling zu entrichten als Buße.

23. Der Bannwart soll jedermanns Holz und Feld besehen und wo er einen Schaden findet, der in jener Nacht geschehen sein soll, dem Geschädigten Anzeige machen; wo nicht, so muß er ihm denselben vergüten. Findet er an einem Zaun ein Loch 2 Stecken breit, so muß der Bannwart dasselbe auf eigene Kosten vermachen.

24. Nachher soll der Bannwart in den Wald gehen, von wo er eine Bürde Holz heimtragen darf. Nach dem Essen soll er wieder in Wald und Feld gehen und wo er einen Schaden findet, dem Eigentümer vor Nacht Anzeige machen, sonst müßte er den Schaden selbst vergüten.

25. So sind die Hausgenossen überein gekommen, daß ihre Anwälte Gewalt haben, Bann zu machen bei einer Buße, wie hoch und wie oft sie wollen, und die Buße erlassen können bis an 3 Schilling.

26. Der Hof zu Kämmaten hat das Recht, mit denen zu Dübendorf Wunn und Weide zu benützen ausgenommen in der Pünt, und beim Verkauf von Holz.

27. Der Besitzer des Hofes zu Kämmaten hat das Recht, ein Fuder Dornen zu hauen in dem Hurst, um die Pünten zu zäunen. Auch außer dem Hof soll er bis nach Gotshausen mit gejochten Rindern zur Weide fahren, sie ohne Joch in das Hurst treiben und auf den Heimweg wieder jochen. Seine Kühe mag er in derer von Dübendorf Brach und ins Hirschholz gehen lassen, unter Gegenrecht.

28. Gotshausen gehört mit Twing und Bann, mit Weid und Weidgenossen, mit Zäunen und allen Dingen in die Gerichte zu Dübendorf, ausgenommen die Pünt, — und der dort seßhafte Meier mag seine Kühe auf der Brach und im Holz haben. Gotshausen hat eine Wiese und einen Acker abwärts gegen Dübendorf, was darauf wächst, soll nach Kämmaten kommen und von da nach Gotshausen.

29. Die von Dübendorf behaupten ein Recht zu haben, ihr Vieh bis an den Stettbach zu treiben, die von Stettbach wieder bis an den Kämmater Bach. Die Stettbacher sollen vor denen in Dübendorf zäunen, während die von Dübendorf nicht zäunen, und doch sollen die Stettbacher ihnen gegen Schaden gut stehen.

30. Wer im Gehren sitzt, soll je im dritten Jahre denen von Dübendorf den Weg im äußern Gehren öffnen und lassen, daß sie mit Wagen und Karren fahren mögen und der Inhaber des Hofes soll das Seine zäunen und wenn er will, es mit einem Spieß bewahren, aber denen von Dübendorf keinen Schaden thun.

31. Die Einwohnerschaft von Dübendorf hat auch das Recht auf Dübelstein. Ist aber ein Vogt daselbst, so mag er mit seinem Vieh zu jenen auf ihre Strofelweid fahren.

32. Die von Dübendorf haben auch das Recht zu denen von Hermikon bis an das Bächli, die Hermiker aber bis zu dem äußern Gfenn.

33. Gegenüber den (Kloster-) Frauen im Gfenn haben die von Dübendorf das Recht, aus der Schoß durch die Sluchen ins Heidenmoos zu fahren.

34. Wo die Güter derer von Dübendorf an die der Frauen im Gfenn stoßen, sollen diese zäunen und keine Gemeinschaft mit jenen haben außer im Heidenmoos.

35. Im Eschenried sind die Hegnauer Weidgenossen derer von Dübendorf.

36. Ebenso die Wangener im Ried.

37. Auch mit dem niedern Ägert sind die zu Dübendorf Weidgenossen.

38. Dübendorf nimmt auch von alters her für das Heu Steg und Weg durch die Wiesen Harstspieli am Kriesbach in Anspruch.

39. Die von Dübendorf haben auch das Recht, mit ihrem Heu, das im Gießen liegt und an den Hubisgraben stößt, über diesen Graben heimzufahren durch das Langwid.

40. Ebenso haben sie das Recht, durch Büzis Wiesen zu fahren, durch des Fenners Gießen, und das hinter dem Loo wachsende Heu soll durch das Loo und durch das Langwid heimgehen.

41. Desgleichen nehmen die Dübendorfer das Recht in Anspruch, mit ihrem Heu, soweit es an den Bach stößt, durch die zu Gofhausen gehörigen Wiesen zu fahren und von da durch des Schliningers Bühlwiese, den Urweg hinauf heim, und das auf den Gütern daselbst wachsende Heu geht denselben Weg heim, und so auch die Gehrwiesen mit ihrem Heu.

42. Das Heu in des Illnauers Wiesen ist durch das Loo heimzuführen.

43. Das Heu ob dem Dorf, der Glatt nach hinauf, mögen sie durch des Attingers Einfang und durch des Ammans Wiesen heimführen.

44. So haben sie auch das Recht, bei den Emmerbäumen über des Schönen Acker und von da an des Fenners Acker dem Bach nach hinauf zum Steglein, von wo jeder an seinen Acker fährt.

45. Um den Weg bei des Schliningers Haus sind sie nicht einhellig.

46. Auch behaupten sie, daß vor des Jungen Haus bis hinter des Kämmaters Haus an die Meierhöfe ein Brächweg gehen solle, und hinter dem Meierhof durch die Hurd bis an die Mühle am Bach und vom Bach kreuzweise über des Suters Acker, über das

Ort und dann gerade an die Meierhöfe und des Schliningers Anwand, die an den Ampfern liegt.

47. Auch beanspruchen die von Dübendorf das Recht auf dem Brächweg gerade von der Hurd bis an den Kilchbach und von da bis an des Bletschers Ort, da der Markstein steht; dann teilt sich jedermann, wohin er gehört.

48. Denselben Weg soll der Führer gehen über die Ampfern hinaus bis an des Blätschers Breite.

49. Sie sprechen sich auch das Recht zu, wohnen sie im Dorf oder im Weil, die Lewergasse hinauf zu fahren bis an den Bergbach, wo eine Hurde hangen soll. Innerhalb bei dem Bach abwärts, über denselben bis an des Bruggers Acker und die Anwand hinunter in die Auen, den Urweg hinauf über Schliningers Acker.

50. Sie haben auch das Fahrrecht, Weg und Steg in der Brach durch des Knabers Hurde in die Grütze und die Widemäcker hinauf bis an den Fußweg. Von da kann jeder nach seinem Acker gehen bis an des Überlis Acker.

51. Sie sollen auch einen Brächweg haben durch des Schliningers Hurde im Oberdorf, dann in die Grützen und bis an Überlis Acker.

52. Auch haben sie das Herkommen, daß ihr Kirchherr im Falle des Bedarfes einen Zuchthengst, einen Stier und ein Wucherschwein haben solle zu ihrem Nutzen. Darum giebt man ihm von jedem Füllen 4 Haller, von einem Kalb 2 Haller und das zehnte Ferkel von den Mutterschweinen zum Zehnten, und soll ein Hirt die Schweine des Kirchherrn hüten ohne Lohn. Doch soll der Kirchherr dem Hirten den Winter geben, zu dem Brot Mus, der Hirt aber soll ihm in seinem Hofe Holz hauen, soviel er zum Heizen bedarf. Der Stier und das Wucherschwein haben auch das Recht, wo sie Schaden anrichten, daß einer mit dem Gehren sie auf das nächste Gut treiben soll. Der Hengst, der Stier und das Wucherschwein sollen auch nützlich sein, wo nicht, so müssen sie durch andre ersetzt werden. Er soll sie auch auf den Abend einstellen und am Morgen dem Hirten zutreiben.

53. Auch haben die von Dübendorf das Recht, daß der Kirchherr bei ihnen wohnen soll mit Knechten und Jungfrauen als ein Biedermann wie von altersher.

54.   .   .   .   .   .

55. Sifrids Acker hat das Recht, einen Ackerweg zu haben neben des Schliningers Haus hinein von der Sandgrube, wenn er sonst keinen Weg hätte.

56. Auch soll eine Landstraße neben dem Bergbach hinauf gehen über die Halden, mitten über den Ursprung und dann den hintern Weg auf.

57. Auch soll eine Hurde gehen an der Oberdorfgasse in die Leegünt, wenn da brach ist oder man schneiden soll; kann man aber ohne Schaden bis an die Kehlhofäcker kommen, dann soll Jedermann auf- oder abwärts fahren ohne Schaden.

58. Es soll im Kehlhof auch eine Hurde in die Leegünt gehen zu den Kehlhofäckern, und dann soll jedermann auf- oder abwärts fahren ohne Schaden.

59. Auch haben die von Dübendorf das Recht, daß sie vor den Brühl zu Acker hinausfahren sollen, jedermann auf seinen Acker.

60. Ebenso haben sie einen Ackerweg an des Zäyen Acker, vor der Brücke, dann soll jedermann auf- und abwärts fahren.

61. Wer einen Eynung verschuldet, soll für drei Schillinge ein Viertel Haber geben.

62. Auch hat ein Hirt das Recht, daß wer ihm sein Vieh, Kühe oder Schweine, nicht zutreibt, ihm doch den Lohn soll geben, wenn er ihn nicht entbehren will.

63. Weiter sprechen sie, daß die Einfänge das Recht haben, mit einem Weg die Buchen hinab bis zum tiefen (?) Graben mit gejochten Rindern.

64. Auch sprechen sie sich das Recht zu, mit Zeinen, mit der Angelschnur oder mit den Händen in den Löchern zu fischen und nicht anders, es sei denn, daß sie vom Inhaber der Fischenz weiteres erwerben können.

Im Anschluß an die Offnung finden sich die Eidesformeln, womit die Einwohnerschaft im allgemeinen, der Untervogt und die Gemeindräte im besondern dem Obervogt ihre Treue zu versichern haben:

I. **Eid so die von Tuebendorff, die stür gen grifense geben schweren söllen.**

Es sollen die von Dübendorf, welche die Steuer nach Greifensee geben, schwören, dem Burgermeister und Rath zu Zürich und von ihretwegen dem Vogt zu Greifensee gehorsam zu sein, des Hauses Greifensee Nutz und Ehre zu fördern, Schaden zu wenden und wenn einer etwas vernähme, was einem Burgermeister, Rath und gemeiner Stadt Zürich und dem Haus Greifensee Schaden bringen könnt, zu warnen und zu wenden, soweit er mit Leib und Gut vermag.

II. **Der eid so sie Jhrem vogt Herren schweren söllen.**

Ihr sollt schwören Herrn J. Waldmann Ritter als eurem Vogtherrn, Treue und Wahrheit zu leisten, seinen Nutzen zu fördern und Schaden zu wenden, ihm gehorsam und gewärtig zu sein, seine Gerichte und Rechte zu halten, so weit ihr könnt; und wenn Jemand vernähme, was ihm und dem Lande schaden könnte, das nach Möglichkeit zu warnen und zu wenden. Und wo einer bei einem Zerwürfniß ist oder dazu kommt, an ein Recht zu stellen. Auch daß keiner von euch ohne Erlaubniß in einen Krieg gehe.[1] Auch soll es jeder anzeigen, wenn ein andrer ihm oder dem Vogt zu leide einen Frevel begeht oder gefährlich herumzieht.

III. **Des vnderfogts eid den er besunder schweren sol.**

Du sollst schwören Herrn J. Waldmann Ritter deinem Vogtherrn Treue und Wahrheit zu halten und zu leisten, seinen Nutzen zu fördern und Schaden zu wenden, auch ihm sein Gericht und Recht zu behalten, wie von Alters her, soviel Du vermagst, und was dir vorkommt, das ihm gehört, ihm anzuzeigen und in allem ihm das

---

[1] Durch diese Maßregel wollte Waldmann das Reislaufen als Ursache der Vernachläßigung des Landbaues unterdrücken.

beste und wägste zu thun, und was er dir befiehlt, zu richten oder vorzutragen, darin gleichmäßig und unparteiisch zu sein, dem Armen wie dem Reichen, Niemand zu lieb noch zu leid.

IV. **Der fieren eid, den sie och bsunder schweren söllent.**

Ihr sollt schwören, Weg und Steg auszugehen, die Ehefäden zu besehen und die Marchsteine zu setzen, für Reich und Arm gleich.

———

Wenn auch in der Offnung dem Volke gewisse Rechte zugestanden werden, so betonen doch schon die Eidesformeln die Persönlichkeit des Vogtes; ferner sind die nachbenannten Aktenstücke nicht als Rathserkenntnisse aufgeführt sondern ausdrücklich als

"**Waldmanns Entscheidungen**"
über Beschwerden der Gemeinde Dübendorf.

1. Da die von Dübendorf 3 Stege über die Glatt erstellen und unterhalten mußten, so begehrten sie, daß das Imi zu der Stadt Zürich und der Zoll unter dem Thor erlassen werden möchte.
Abgewiesen.

2. Eine nicht näher bezeichnete Beschwerde betreffend Bußen und Untervögte wird ebenfalls abgewiesen.

3. Desgleichen die Behauptung, nur in das Schloß Dübelstein ein Fastnachthuhn liefern zu müssen. Die von Dübendorf sind vielmehr verpflichtet, auch an die Obrigkeit ein Fastnachthuhn abzugeben. Dafür sollen ihnen ihre alten Gewohnheiten und ihr Hofrodel gewährleistet sein. Gegen das Gotteshaus im Gfenn sollen die Dübendorfer ihr Recht vor "unsern Eidgenossen von Zürich" suchen.

1487 verkaufte Waldmann die Vogtei Dübendorf nebst Rieden und Dietlikon um 2492 Gulden an die Stadt Zürich, welche diese Ortschaften zu einer Obervogtei vereinigte.

Der Übergang aus Waldmanns Alleinherrschaft in die Hände der Obervögte brachte die Gemeinde Dübendorf in unmittelbare Verbindung mit der Hauptstadt und befreite sie von der Willkür eines einzelnen Mannes.

Die O b e r v ö g t e wurden aus der Mitte des Kleinen Rates gewählt und behielten als solche ihren Wohnsitz in Zürich. Für Dübendorf sind gewöhnlich 2 Obervögte gleichzeitig vorhanden. Dieselben hatten die administrative und richterliche Gewalt in ihren Vogteien und besorgten alle diejenigen Geschäfte, die jetzt auf die verschiedenen Bezirks- und Gemeindebeamten verteilt sind. Denn die Untervögte, auf einen Dreiervorschlag der Gemeinde von den Obervögten auf Lebenszeit gewählt, mußten dem Rate der Stadt Zürich den Eid der Treue schwören und besaßen sehr wenig Selbständigkeit. Allerdings kam ihnen dem Namen nach die Verwaltung und niedere Gerichtsbarkeit in den Gemeinden zu, aber thatsächlich brachten sie fast jede Angelegenheit vor die Obervögte und handelten dann nach deren Weisungen.

Die Obervögte trafen ihre Entscheidungen gemeinsam als B e h ö r d e, und leiteten schwierigere Fälle an die h ö h e r e I n s t a n z der Herren Rechenräte, wovon später die Rede sein wird.

Die von den Obervögten verhängten Bußen fielen nicht in ihre eigene Tasche, sondern in die öffentlichen Kassen, aus denen wiederum namhafte Unterstützungen an die Bedürfnisse der Gemeinde zurückflossen.

Als Mitglieder des Kleinen Rates hatten die Obervögte unmittelbaren Anteil an der Landesverwaltung und konnten so ihren lokalen Geschäftskreis mit den Verfügungen der gesamten Oberbehörde in Einklang bringen. Doch ließen die Rechtsverhältnisse noch manches zu wünschen übrig.

A k t e n s t ü c k e:

Am 10. November 1545 ersucht eine Botschaft aus Dübendorf die Obrigkeit in Zürich um Bestätigung des alten Brauches, daß ein Vogt, der um Frevel klagen wolle, den Beklagten einen Sachwalter (amtlichen Verteidiger) zu stellen habe. Die Antwort lautet:

Wenn der Sachwalter im Gebiet M. Gn. Herren wohnhaft und daselbst zu betreten ist, so soll es bei dem alten Brauch bleiben, wobei der klägerische Vogt den am Wohnort des Sachwalters zuständigen Vogt oder Amtmann anrufen soll, daß er den Sachwalter aus Gericht nach Dübendorf weise. Ist aber der Sachwalter oder sein Vogt fremd und auf dem Gebiete M. Gn. Herrn nicht zu betreten, so soll man von ihnen[1]) Vertröstung der Kosten verlangen oder sie gefänglich nach Zürich führen.

Daß die Besitzer der Burg Dübelstein Anspruch auf Frohndienste von seiten der Gemeinde Dübendorf hatten, zeigt ein Ratsbeschluß betreffend:

Zug- und Leibtagwen zu Dübendorf.

Bürgermeister und Rath der Stadt Zürich geben folgendes zur allgemeinen Kenntniß:

Als sich Streit erhob zwischen unserm Bürger Marx Röust und unsern Getreuen der Gemeinde Dübendorf wegen der Zug- und Leibtagwen, welche die genannte Gemeinde den Besitzern des Burgstalls zu Dübelstein schuldig ist, beklagte sich Röust als Inhaber des Burgstalls, daß die Arbeiter am Morgen zu spät kämen und Abends frühe wieder heim führen und das Feld nur mangelhaft bebauen. Die Vertreter der Gemeinde dagegen behaupten, diese habe ihre Schuldigkeit jetzt so gut wie früher gethan. Die weitern Verhandlungen ergeben, daß auch mit frühern Besitzern des Burgstalls Streitigkeiten in dieser Sache vorgekommen seien. In Folge dessen wird der Frohndienst aufgehoben und durch eine Steuer von 10 fl. ersetzt, die jährlich auf Martini durch den Dorfmeyer ausgerichtet werden soll. Allfällige Rückstände an Zug und Tagwen vom vergangenen Jahr sollen nachgeholt und für solche an Leibtagwen eine Entschädigung von 4 Schillingen geleistet werden. Gegeben Mittwoch den 18. November 1562.

Auf eine Klage, daß die Ewälte nach Erfüllung ihrer Amtspflichten (Ausgeben von Holz) mit andern Leuten zusammen sitzen

---

[1]) Den Beklagten?

und aus dem gemeinen Gefäll und Einkommen d. h. auf Kosten der Gemeinde eine hübsche Summe Geldes vertrinken und verzehren, — beschloß die Gemeinde, solche Zechgelage zu verbieten und erst nach Ablauf des Amtsjahres jedem Ewalt 4 Pfund als Belohnung zu geben. Dieser Gemeindsbeschluß wird am 27. Dezember 1578 vom Burgermeister Kambli und beiden Räthen bestätigt.

Aber auch mit dem besten Willen erschienen jene Vorgesetzten als etwas unsichere Rechenmeister. Denn 1588 suchen die Ewälte mit den 4 Geschwornen vor den Gnädigen Herren in Zürich um die Bewilligung nach, die aus 8 Mann bestehende Behörde noch mit 2 Sekelmeistern zu verstärken. Dieses Gesuch wurde aus finanziellen Bedenken abgelehnt, dagegen die Obervögte beauftragt, bei der Wahl der Geschworenen 2 von denselben „die sy am togenlichsten bedunkent auch lesens und schrybens bericht sygend", ausschließlich mit der Verwaltung des Gemeindegutes zu betrauen. Darüber sollen dieselben jährlich den Obervögten Rechnung ablegen. — 7. Dezember 1588. Burgermeister Kambli und beide Räte.

Zur Organisation des Gemeindewesens und Abstellung eingerissener Mißbräuche gehörten nothwendig auch Vorschriften über Fluß- und Forstpolizei.

Der Fischreichthum der Glatt muß in früherer Zeit weit bedeutender gewesen sein als heutzutage; denn noch 1780 berichten die Memorabilia Tigurina folgendes:

„Die Aale in der Glatt sind von außerordentlicher Größe und Geschmack; sie stehen in so gutem Ruf, daß schon öfters diese Art Fische für die Kayserliche Tafel zu Wien aufgekauft worden. Besonders bestellte Personen tragen selbige nach Ulm, da sie dann lebendig in Fischgehältern auf der Donau nach Wien gebracht werden."

Da die Eigenthümer der Fischenzen nach Ort und Zeit häufig wechselten, war eine obrigkeitliche Controlle des Fischfangs unerläßlich, damit derselbe nicht zu einer Raubwirthschaft ausarte.

Aus den Jahren 1508-1630 finden wir nachstehende

Ordnung und Erkanntnussen über die Glatt.
(Staatsarchiv B 141. Gest. 310.)

Wir Bürgermeister und Rath der Stadt Zürich thun kund: Wiewol unsere Vorfahren und wir Ordnung gemacht, wie sich Müller, Fischer und andere an der Glatt wohnende Leut zu verhalten haben so sind doch etliche ungehorsam gewesen und haben nach ihrem Gutdünken gehandelt. Wir erneuern daher diese Ordnung:

1. Alle Müller, welche Mühlen und Gewerbe an der Glatt haben, sollen Überlaufwuhre von 12 Schuh Weite anbringen und das Wasser durchlaufen lassen.

2. Die Müller sollen künftig auch ihre Kett nicht höher heben als sie jetzt sind, und dürfen nur fischen, so weit ihr Wuhr geht.

3. Die Müller sollen die Vorfächer weg thun und nur den Boden und die Seitenwände stehen lassen. Die Cosladen müssen so gemacht sein, daß man sie im Nothfall aufziehen kann. und wie wir ihnen zu den Huttbähren das Bretmaß geben, dabei sollen sie bleiben, damit sie Aale fangen können.

4. Und wie wir die 4 Aalferinen, die vor Zeiten in der Glatt waren, beseitigen ließen, so sollen auch jetzt keine mehr gemacht werden. Wiewol der Müller zu Hochfelden meint, sein Aalferinen, das er mit der Mühle erkaufte, solle ihm bleiben, ist es ihm doch abgeschlagen, obgleich die Besitzer von Fischenzen ob und unter ihm es zulassen wollten.

5. Die Zipfelgarne haben wir als unzulässig aberkannt.

6. Hingegen die erweiterten oder 3fachen Garne gestatten wir, wenn sie nicht enger sind als das von uns gegebene Bret. Zum Laichen und Brüten der Fische dürfen sie nicht gebraucht werden.

7. Niemand darf mit Streifgarn, Storbähren, Bal-, Setz und Grundängel fischen oder den Fischen Kügelchen und Aas zuwerfen. Wenn Landstreicher solches thun, sollen sie uns überantwortet werden.

8. Keiner soll dem andern in seinen Fischenzen fischen oder krebsen, außer mit Zeinen, mit den Händen, Angelschnüren und

Ruthen. An Sonn- und Festtagen darf Niemand in der Glatt fischen oder krebsen.

9. Es darf nichts in die Glatt gestellt oder geworfen werden, was deren Lauf irgend wie hemmen könnte. Nur eine Rüsche und ein Reisbündel daran, ein Klafter lang, darf man in die Glatt legen.

10. Übertretungen obiger Vorschriften werden mit 1 ℔ Silber gebüßt.

11. Die Glattvögte sind dazu verordnet, die Vollziehung obiger Vorschriften zu überwachen.

Actum Donnerstag, 19. Juli 1554.

Burgermeister Joh. Haab und beide Räthe.

Daß Niemand Fische oder Krebse anderswohin zum Verkauf tragen solle.

Da die Glatt der Stadt Zürich gehört und nur ihre Angehörigen die Fische und Krebse genießen sollen, so müssen dieselben in die Stadt gebracht und hier verkauft werden. Wer sie nach Baden oder anderswohin bringt, verfällt in eine Buße von ½ Mark Silber.

Ohne Datum.

Daß Niemand nach Enten oder andern Vögeln auf der Glatt und andern Gewässern schießen soll.

Es dürfen weder Enten noch andere Vögel auf der Glatt, Limmat, Sihl und See mit der Büchse geschossen werden, bei 1 Mark Silber Buße.

Ohne Datum.

Abstellung des Blümligarns.

Da das Blümligarn dem brütenden Fische schädlich ist, soll es dem Glattvogt überantwortet und vernichtet werden.

Donnerstag, 1. August 1708.

Bürgermeister Haab und beide Räthe.

Wie lange die Karpfen, ehe sie gefangen werden, sein sollen, und Verbot der Brut.

Auf die Klage, daß die Brut der Karpfen aus der Glatt in den Gräben, wenn diese bei Hochwasser gestaut werden, massenhaft aufgefangen und dadurch der Nachwuchs vernichtet werde, verbieten wir den Fang der Karpfen, bevor sie eines Gmünds (?) lang sind bei Buße von 5 ß.

Schutz des Karpfenlaichs in der Glatt und der anliegenden Güter.

Die Eigenthümer und Pächter der Fischenzen klagen, daß besonders Nachts die laichenden Karpfen zum Schaden des Laichs und der Brut gefangen werden. Auch werden dabei die Wiesen zertreten. Es wird erkennt, daß während der Laichzeit, also von Mitte April bis Ende Mai keine Karpfen gefangen werden dürfen, weder mit Hauen, Stechen noch Garn; bei 5 ß Buße, die der Glattvogt einzuziehen hat. Auf Bericht der Fischer kann oberwähnter Termin auch früher angesetzt oder verlängert werden. Allfälligen Schaden durch Zertreten des Grases sollen die Geschwornen oder Dorfmeier besichtigen und schätzen, und der Thäter soll den Schaden ersetzen und die Beamten belohnen.

Act. Montag, 8. Mai 1570.   Bürgermeister Bräm und beide Räthe.

Keine Karpfen, die das Maß nicht haben, dürfen aus Weihern und Gräben verkauft werden.

Da mißbräuchlicher Weise die Fischer an der Glatt Karpfenbrut und Setzlinge verkauft haben, was dem Glattbüchlein zuwider ist, wird erkennt, daß hinfort, bei 2 Mark Silbers Buße verboten ist, die Weiher oder Gruben abzulassen und Setzlinge daraus zu geben, sei es den Amtsleuten oder andern Personen; es wäre denn, daß der Glattvogt oder einer seiner Diener sich von der im Glattbüchlein vorgeschriebenen Länge des Fisches überzeugt hat. Die, welche noch zu kurz sind, sollen wieder ins Wasser geworfen und nicht verkauft werden.

Montag, 1. August 1597.   Bürgermeister Großmann und beide Räthe.

Über das Fischen in den neuen Furthen und Gräben der Glatt.

Vor einigen Jahren wurden auf Befehl MGn. Hhrn. an einigen Orten neue Furthen gegraben, damit das Wasser besser ablaufe und die Güter weniger ertränkt werden. Nun meinen einige Anstösser, das Fischereirecht in diesen Furthen komme ihnen zu, wogegen die Besitzer der alten Fischenzen protestiren. Es wird erkennt: Da die Fischenzen in der Glatt von der Obrigkeit verpachtet werden und man die Pächter bei ihren Lehen und Fischenzen schätzen soll, so steht den Anstössern an die neuen Furthen kein Fischereirecht zu. Die Fischer aber, welchen die Fischenzen dieser Gegend verliehen sind, dürfen hier fischen wie in der alten Glatt. Die Glattvögte haben hierüber zu wachen. Wenn aber die Glatt überläuft, darf jeder, wie von Alters her, auf seinem Gebiete fischen.

Mittwoch, 18. Juni 1595.

Bürgermeister Keller und beide Räthe.

Eid, den der Glattknecht schwören soll.

Wer von M. Gn. Hhrn. und den Glattvögten zu einem Diener und Knecht auf der Glatt angenommen wird, soll schwören.

1. M. Gn. Hyrren und der Stadt Nutzen zu fördern und Schaden zu wenden, den Glattvögten gehorsam zu sein und allfällig Fischereifrevler den Glattvögten rücksichtslos anzuzeigen. Die Angezeigten dürfen darum dem Glattknecht keinen Hass nachtragen.

2. Niemand darf von Mitte März bis Ende Mai in den öffentlichen Gewässern den Fasel fangen, bei 1 Mark Silber Busse.

3. Mit den engen Garnen, die die Brut verderben, und mit Zeinen darf Niemand fischen.

4. Wer die Fisch-Einung beschworen hat, und sie nicht hält, oder einen Frevler nicht anzeigt, wird um $1/2$ Mark Silber gebüsst.

5. Alle Fischer und Müller und wer sonst in der Glatt fischt, soll die Einung beschwören.

6. Die 3 fachen Garne, zu denen die gefährlichen Schleppgarne gehören, die meist im April und Mai gebraucht werden, sollen fortan verboten sein und nur zu unschädlichen Zeiten und an sehr tiefen Stellen, wo mit Rüschen und Setzbähren nichts zu machen ist, laut Glattbüchlein geduldet werden.

7. Wenn bei anhaltenden Regengüssen das Wasser trüb ist und sich der Fisch weniger hüten kann und sich sammt der Brut mit dem Storbähren leicht fangen läßt, so soll der Storbähren sowie das Krebsen verboten sein.

Buße des Grundangels.

8. Da der Grundangel wegen zu geringer Buße sehr viel gebraucht wurde, soll die Buße auf 5 fl erhöht, und wer deren Zahlung verweigert, in den Wellenberg gesetzt werden.

9. Der Fisch-Einung zuwider wird in der Glatt noch viel mit Streif- und Storbähren, Spreit- und Blümligarnen gefischt und bei großer Trockenheit die Pfützen im Gießen an der Glatt und in den Bächen ausgeschöpft und so der Fisch sammt dem Fasel gefangen. Dadurch geschieht dem gemeinen Wesen, besonders aber den gesetzlichen Fischenzen merklicher Schaden. Es wird daher neuerdings verboten und eventuell nicht als bloßer Frevel, sondern als öffentlicher Diebstahl bestraft werden.

10. Auch sollen alle Fischer schwören, in der Glatt keine Brut zu fangen.

11. Alle Staubbähren, Kreßgarne und Teufelstracht und andre schädliche Neuerungen sind bei 10 fl. Buße verboten.

12. Da sich ergeben, daß einige Pächter der Fischenzen solche wieder an andere verkauft oder sonst eine Änderung verschuldet haben, so soll jede solche Änderung als nichtig erklärt werden.

13. Auch soll Niemand Hechtbähren oder Hechtnetze setzen oder sonst Hechte fangen von Mitte April bis Ende Mai bei Buße von ½ Mark Silber.

14. Auch die 2- und 3-fachen Netze, woran viel Eisen und Blei gehängt und oben Flossen angebracht werden, daß sie die ganze Breite der Glatt überspannen, sind verboten.

15. Die Zipfelgarne sind sehr schädlich und dürfen nur von einigen Müllern gebraucht werden.

16. Das Zünden zu Fischen und Krebsen war von jeher verboten und wird auch jetzt mit 5 fl. gebüßt.

17. Es sollen alle Fischer und Fischenzen vom Greifensee bis zum Ausgang der Glatt beschrieben werden.

18. Alle Fuchslöcher, die in den Gräben der Glatt gemacht werden, sollen abgethan werden.

Glattvogtei.

Ao. 1650 ward erkannt, daß die von dem Müller zu Dübendorf und die nach Rümlang begehrte Aalstube sowie alle Schwadrach (?) in der Glatt abgetrennt sei, ebenso die Geeren, Leitergarne, Stohrbähren und das Verlegen der Gräben. Alle Aale sollen auf den Markt nach Zürich gebracht werden.

(Unterschreiber Manuale. 29. März.)

1798 wurde das Amt der Glattvögte abgeschafft und die Aufsicht über die Fischenzen dem Domänendepartement zugewiesen.

1592 erschien eine

Forstordnung,

die vom Obervogt Kaspar Hogger, Sekelmeister Hans Escher, Hans Rudolf Wegmann und Lienhard Vögeli verfaßt, von der Gemeinde Dübendorf angenommen und vom Burgermeister und Rath der Stadt Zürich bestetigt wurde.

Dieselbe soll jährlich mit der Offnung der Gemeinde vorgelesen werden und besteht aus 16 Artikeln folgenden Inhalts.

1. Das Hauhen des Holzes soll jährlich 14 Tage vor oder nach Martini vergeben werden.

2. Das Holz darf nicht gehauen werden, so lange das Rit (der Reif) darin ist, bei 1 ℔ Buße.

3. Jeder soll seinen Jahreshau bis am S. Georgstag aus dem Walde entfernt haben, widrigenfalls das Holz wieder der Gemeinde anheim fällt.

4. Niemand darf seinen Hau verkaufen, sondern jeder soll das Holz in seiner eignen Haushaltung brauchen, bei 3 ℔ Buße.

5. Zur Zeit der Holzabfuhr soll man auch das Zaunholz wegnehmen und ohne Erlaubniß der 4 Geschwornen nicht mehr auf den

Platz führen, bei 1 ℔ Buße. Zu der Zäunung dürfen nur Kerngerten und Dornen gehauen werden, bei 3 ℔ Buße.

6. Wer einen andern Schaden verrichten sieht, soll denselben verzeigen.

7. Bauholz soll binnen 2 Monaten weggeführt werden, sonst fällt es wieder der Gemeinde zu. Wer aber solches Holz anders als zum Bauen verwendet, wird mit 2 ℔ gebüßt.

8. Niemand darf sein Holz mit einem andern um den Fuhrlohn theilen, sondern entweder soll man es selbst heim führen oder den Fuhrmann bezahlen.

9. Wer einem andern Zaunholz, Stecken oder andres Holz wegnimmt, wird mit 3 ℔ gebüßt.

10. Wer sein Vieh in jungen Aufwachs gehen läßt, zahlt von jedem Haupt 10 ß Buße.

11. Wer am Sonntag vor oder während der Predigt in den Hölzern Kirschen pflückt, zahlt (für jede Person) 10 ß Buße, und wo Einer oder Eine dir Dolder an den Kirschbäumen abhaut, beträgt die Buße 1 ℔.

12. Die Gemeinde ernennt einen Weibel, der bei ordentlichen Verhalten nicht ohne Vorwissen und Bewilligung der Obervögte entlassen werden darf.

13. Der Tarif ist:

  von einer Eiche . . . . 3 ℔
   " " Tanne . . . . 1 ℔ 5 ß
   " " Buche . . . . 1 ℔
   " " Reifstange . . . . 5 ß
   " allem andern Holz, vom Stumpen . 10 ß
   " einem fruchtbaren Baum . . . 3 ℔

14. Wer der vorgeschriebenen Ordnung zuwiderhandelt, wird nicht bloß gebüßt, sondern weiter nach Verdienen gestraft.

15. Der Bußenertrag geht durch den Obervogt zur Hälfte an die Stadt zur andern Hälfte an die Gemeinde.

16. Der Obervogt soll den Vollzug dieser Verordnung überwachen damit die Gemeinde nach und nach ihren Holzbedarf wieder erlangt und die frühern Mißbräuche nicht mehr einreißen.

Im Jahre 1615 gehörten zur Obervogtei Dübendorf die Ortschaften Binzmühle, Gockhausen, Dietlikon, Dübelstein, Dübendorf, Geeren, Köschenrüti, Oberhausen, Oerlikon, Schwamendingen, Seebach, Stettbach (das seit 1428 zur Obervogtei Schwamendingen gehört hatte) und Rieden.

Von 1638 an wurde auch der Tobelhof zur Gemeinde Dübendorf gerechnet, aber

„Auf die gethane Anfrage, ob der Tobelhof dem Wächter zu Dübendorf seinen jährlichen Wachtlohn zu geben schuldig sey oder nicht, ward bei dermahliger noch ungewußheit, ob der Tobelhof in die Vogtey Dübendorf oder IV Wachten gehöre, befunden und erkennt, daß gedachter Tobelhof dem Wächter zu Dübendorf den Wachtlohn so lange bezahlen solle, bis daß an behörigem orth wird entschieden seyn, in welche von obgedachten beyden Vogteyen diser Tobelhof gehören solle." (Urth. Prot. 8. Juni 1777.)

Auch nach seiner Zuteilung zu Hottingen blieb der Tobelhof noch eine Zeit lang für Taufen und Begräbnisse auf Dübendorf angewiesen. (Mem.-Tig.)

Ums Jahr 1638 hatte Dübendorf folgende Beamte:

Obervögte: Joh. Konrad Escher, Statthalter.
Joh. Rudolf Rohn, „
Landschreiber: Joh. Konrad Rohn.
Untervogt: Heinrich Rüttlinger, der under Müller.
Weibel: Hans Konrad Frei.
Kirchenpfleger: Hans Schenkel,
Hans Jakob Weber der alt im Wyler.
Geschworne: Jakob Zollinger,
Heinrich Schenkel,
Hans Jakob Müller im Kelnhoff,
Jakob Trüeb.

Ehegaumer: Heinrich Uhun,
Ulrich Denzler,
Jakob Weber,
Christian Wegmann im Gfenn.
Seckelmeister: Jakob Müller genannt Hegnauer.

Die Urteilsprotokolle der Vogtei Dübendorf gewähren uns einen Einblick in die Thätigkeit der Obervögte aus den Jahren 1776—1798. Ihre Entscheidungen lassen sich in folgende Hauptgruppen zusammenfassen:

Kontrolle der Gemeindeverwaltung,

Bestätigung der Wahlen von Beamten und Angestellten der Gemeinde,

Ratifikation der Gemeinderechnungen,

Bestimmung von Staatsbeiträgen an die Bedürfnisse der Gemeinde.

Vormundschaftswesen,

Kontrolle über den Verkauf von Liegenschaften,

Polizeiwesen,

Civilstreitigkeiten,

Auswärtiger Verkehr betr. Civilstandswesen.

Im Jahr 1776 wurden in der Obervogtei Dübendorf, wozu noch Schwamendingen, Seebach und Dietlikon gehörte, 116 solcher Geschäfte erledigt. Die Sitzungen, 14 an der Zahl, fanden in Zürich und regelmäßig an einem Freitag Statt, also gleichzeitig mit dem Wochenmarkte.

Es mögen hier einige Beispiele folgen.

Zu den wesentlichsten Traktanden gehören die Holznutzung und die Wirtschaftspolizei.

Die Forstordnung von 1592 war entweder nie recht gehandhabt worden oder in Vergessenheit geraten. Es werden daher verschiedene Fälle von Holzfrevel eingeklagt und mit 3—15 fl. Buße belegt. Außer der eigentlichen Buße hat aber der Frevler noch Schadenersatz

Sitzgeld, Belohnung für den „Laider" und Gebühren an den Weibel, Stadtknecht und Stubenverwalter zu bezahlen, so daß die Strafe im schwersten Fall sich auf 50 ß 7 ß (Fr. 55) im leichtesten („Birrenbaum" im Privatbesitz) auf 6 ß (Fr. 7) stellt.

Ferner wird das Verbot des Holzverkaufs außer die Gemeinde erneuert und endlich einer neuen Art Öfen wegen zu starken Holzverbrauchs die Bewilligung versagt.

Wegen „unanständigem nächtlichem Übersitzen und Spillen" an der Weihnacht werden 8 Knaben mit je 2—4 ß. Buße und 1—2 ß. Sitzgeld, der Wirt mit 10 ß. Buße und 4 ß Sitzgeld bestraft. Auf die Klage eines Wirtes wurden verschiedene Personen für unbefugtes Wirten bestraft.

Zwei zanksüchtige Weiber kommen im ersten Mal mit 4 ß. Buße und 1 ß. Sitzgeld weg unter Androhung, im Wiederholungsfalle mit der Trüllen gezüchtiget zu werden.

Auf die Klage einer Frau P. geb. M., daß alt Ehzaumer J. P. im gleichen Haus wohnende, nun schon bey 5 Jahren von Zeit zu Zeit in seiner, hart an die ihrige stoßenden Stube durch den Schlosser A. von R. einem Vieharzt bey Tag und sonderheitlich Nachts Zeit einen solchen unleidenlichen Gestankh und Rauch mache, der ihr und ihrer Tochter zum sterben übel mache, und sie allemahl genötiget seyen, sich außert das Haus zu begeben, Sie dessentwegen (aber umsonst) gedachten alt Ehez. P. gebäten, ihnen aus nachbarlicher Freundschaft doch mit disem Räucheren zu verschohnen, übrigens wenn dises unleidenliche Räucheren nicht so oft bei Nacht wäre vorgenomen worden und Sie aus dem Beth vertrieben hätte; Ja was das meiste seye, wenn sie nicht in den bösen Rueff einer S. P. Her gerathen wäre, die durch disen Rauch solte gequält werden, sie den häßlichen Gestank durch Entweichen aus dem Hause noch zu überwinden gesucht hätte: Daß sie aber jetzt aufs empfindlichste und kränkendste diffamiert, und ohngeachtet sie nicht bestimmt erweisen könne, durch wen sie in disen bösen Rueff gekommen, sie dennoch ge-

nötiget seye, bey ihrer Oberkeit um Hülf und Rath zu bitten . . . worgegen der alt Eheg. P. sich hierüber verantwortete, daß, weilen etwas ohnrichtiges im Hauß und seinem Seidengewäb die Rechte Farben genohmen worden, so daß er in gefahr gestanden, um seinen verdienst zu kommen; er also genötiget worden, der Sache Rath zu schaffen, wie dann sein Nachbahr Gschworne A. ihn diß Fahl an den Schlosser A. zu Rieden verwiesen, auf das beräucheren seiner Stuben habe es allemahl für eine geraume Zeit gebesseret, was aber der Schlosser A. zum Räucheren gebraucht, wüsse er nicht; genug daß ihme dardurch geholfen werde, hoffe also auch nicht, daß das ihme dienliche Räuchern werden verboten werden; — übrigens habe er des Tamb. P. Weib nicht im Verdacht, sie auch nicht diffamiert; sie solle diejenige darfür nehmen, die sie bei disem anlaase so schimpflich verschreyt, — als ward nach angehörtem weitläufigem für und widerbringen, und da die M. auf die ihre gemachte Vorstellungen hin, daß es ihr nach ihrer eignen außage schwer halten wurde ihre Klage in Absicht auf das schimpfliche Gerücht Rechtsförmig zu erweisen, von gedacht ihrer Klage abgestanden, sie also ihrer Ehre und guten Nahmens oberkeitl. bestens verwahrt und geschützt dergestalten, daß wann die Erfindere dises wüesten Gerüchts über kurz oder lang entdeckt werden solten, sie zu ernstlicher Verantwortung und oberkeitlicher Straaffe wurden gezogen werden . . . dem Ehegaumer P. aber ward wohl meynend angezeiget, daß er in Zukunft zu Nachts Zeit keinen Rauch mehr zu machen sich unterstehe, sondern wann er disen Rauch zu machen allenfahls wider genötiget wäre, er solchen Tags Zeit und jedesmahl in Gegenwart eines Vorgesetzten solle machen mögen; indem es bey Tag so guth als wie Nachts Zeit würken werde.

1780. 15. Dezember. Auf die Klage des Heinrich Bantlis von Dübelstein wurde dem Wagner Goßweiler von Dübendorf, welcher auf gedachten Bantlis wieß 6 Eichli zu stehen haben solle, oberkeitlich angesinnet, daß er ohne anstand dise 6 Eichli so weith aufstecken solle, daß man mit keinem Rechen an die äste mehr langen könne.

Daß die städtische Obrigkeit ihre Unterthanen auf dem Lande nicht bloß richtete und bestrafte, sondern in Notfällen auch für sie sorgte, ergiebt sich aus nachstehenden Beispielen:

1757—58. Für die durch eine Viehseuche Geschädigten ordnet die Obrigkeit in allen Pfarrkirchen der Stadt eine Collekte an, welche 6600 fl. abwirft. Davon kommen 490 fl. nach Dübendorf.

1770. Da der Mütt Kernen 9 fl. galt, wurde das Kornamt angewiesen, solche zu 6 fl. aufs Land zu verkaufen und

1771 an die bedürftigen Familien, deren Dübendorf 155 mit 656 Personen zählte, für 400 Personen 100 Brote zu 6 ß, 560 ß Mehl zu 3 ß und 40 ß Reis zu 3 ß zu liefern. Für das Abholen im Kornamt gab das Steuergut auf jede Fuhr 20 ß. Die Vertheilung geschah im Pfarrhaus durch Pfarrer und Sigrist.

Von den Beiträgen an öffentliche Bauten ist im 3., 13. und 14. Kapitel die Rede.

Die letzten Obervögte waren 1798 Diethelm Salvater und Hans Rudolf Schaufelberger.

Ihre Wirksamkeit hörte auf, als die Stürme der großen französischen Staatsumwälzung auch über die Schweiz hereinbrachen und im Kanton Zürich den seit 5 Jahrhunderten bestandenen Einrichtungen ein Ende machten.

Wir wissen nicht, ob die Mehrzahl der Einwohner von Dübendorf sich nach Befreiung von der städtischen Oberhoheit gesehnt oder ihre landesväterliche Fürsorge dankbar anerkannt hatte. Dem Übergang zur völligen Selbstverwaltung der Gemeinde mußten aber noch die Greuel des Krieges vorangehen, die in ebenso anschaulicher als ergreifender Weise durch die Erlebnisse des damaligen Pfarrers Bremi uns vor Augen geführt werden. (Siehe Kapitel 18: Kriegswesen.)

Das 19. Jahrhundert.

Über das öffentliche Leben in den ersten 20 Jahren unsers Jahrhunderts liegen uns keine Aktenstücke aus der Gemeinde vor. Wir können daher den Übergang von der Stadtherrschaft zur Selbst-

Verwaltung der Gemeinden nur an Hand der allgemeinen Kantonsgeschichte nachweisen.

Während der helvetischen Periode 1798—1803 hieß die politische Gemeindsbehörde Municipalität, die Civilgemeindsvorsteherschaft Verwaltungskammer. An den Gemeindsversammlungen hatten alle Staatsbürger teil.

In der Mediationszeit 1803—1814 besorgte ein Gemeinderat von 3—11 Mitgliedern das Verwaltungs-, Vormundschafts- und Polizeiwesen. Der Gemeindammann als Vollziehungsbeamter wurde vom Bezirks- oder Unterstatthalter ernannt. Jede Kirchgemeinde hatte einen Friedensrichter. Außer den Gemeindsbürgern waren auch die Niedergelassenen auf Grundeigentum zur Teilnahme an den Gemeindsversammlungen berechtigt.

In der Restaurationsperiode 1814—1830 wurde durch Gesetz vom 18. Dezember 1815 die Stelle des Gemeindammanns mit der des Gemeindspräsidenten vereinigt und die Wahl aus einem Dreiervorschlag der Gemeinde von der Regierung getroffen. Das Unterwaisenamt wurde aus dem Präsidenten des Gemeindrates und zwei durch das Oberwaisenamt aus dem Gemeindrat und Stillstand zu wählenden Beisitzern, nebst dem Gemeindratschreiber bestellt.

1829 wurde den Niedergelassenen die Teilnahme an der Wahl der Gemeindsvorsteher entzogen.

Die Verfassung von 1831 brachte eine Trennung der administrativen und richterlichen Gewalt mit sich, und das bisherige Oberamt Greifensee, wozu Dübendorf gehört hatte, hieß von nun an Bezirk Uster.

Dieselbe Verfassung bestimmt für jede politische Gemeinde einen Gemeindrat von 3—15 Mitgliedern zur Vorberatung und Vollziehung der Gemeindsbeschlüsse, Verwaltung der Gemeinde und ihrer Güter, und Besorgung der Waisensachen. Ein Gemeindammann zum Vollzug der Gesetze und Verordnungen wird aus einem Zweiervorschlag der Gemeinde durch den Bezirksrat erwählt.

Ferner wurde festgesetzt, daß die Gemeindsversammlung aus den in das Bürgerbuch eingetragenen stimmfähigen Bürgern zu bestehen habe. Derselben kommt die Aufsicht über den Gemeindhaushalt, die Bewilligung von Gemeindsteuern, die Genehmigung von Ausgaben, die Erteilung des Gemeindbürgerrechts und die Wahl der Gemeindsvorsteher zu.

1855 bestimmt ein Gesetz, daß die auf Grundeigentum Niedergelassenen bei Beratungen, wo ihnen eine Zahlungspflicht oder ein Eigentumsrecht zukommt, Zutritt und Stimme haben.

Erst jetzt nahm auch das uralte Lehenwesen ein Ende. 1855 verkaufte der Staat die 2 letzten Handlehen in Dübendorf, nämlich das Ochsnerische bestehend in Haus, Scheune und übrigen Gebäuden, 2 Vierling Hanfland, Garten, 1½ Juchart Baumgarten und 121 Juchart Wiesen, Feld und Holz für 53,594 fl., — und das Goßweilerische bestehend in Haus und Hofstatt nebst übrigen Ökonomiegebäuden, Kraut- und Baumgarten, cirka 20½ Juchart Wiesen und 97 Juchart Ackerland an 48 Käufer um die Summe von 50,915 fl.

Noch 1861 wurde auf eine Liegenschaft in der Leepünt der letzte Rest einer Kaufschuld vom Jahre 1852 an die Staatskasse ausbezahlt.

Die Civilgemeindsprotokolle der Jahre 1834—1881

geben im allgemeinen das folgende Bild von der Entwicklung des Gemeindewesens.

Die erste „Jahresgemeinde" am 13. Januar 1834 behandelte zunächst ein Memorial, dat. 5. Januar mit 15 Unterschriften, welches die Handhabung der gesetzlichen Ruhe und Ordnung in den Gemeindsversammlungen verlangt. Auf das Gutachten des Gemeindrates hin wird diese Forderung von der Bürgerschaft einmütig gutgeheißen.

Die Civilgemeinde d. h. die Bürgerschaft unter Ausschluß der Niedergelassenen behandelte von dieser Zeit an alle auf ihr Gebiet bezüglichen Geschäfte mit Ausnahme von Pfarrwahl und Kirchenbauten, wofür die Kirchgemeindsversammlung einberufen wurde.

Die Versammlungen der Civilgemeinde fanden in der Regel im Schulhause statt, mußten aber öfter wegen zu schwacher Beteiligung verschoben oder mit Bußenandrohung erzwungen werden. Immerhin hätten die sämtlichen in der Gemeinde wohnhaften Hausväter, deren es im Jahre 1854 schon 214 gab, in dem damaligen Schulzimmer kaum Platz gefunden, und im Interesse der Redner und allfällig brustkranker Teilnehmer war das Verbot des Rauchens in den Versammlungen mehr als gerechtfertigt.

Bei weiterer Zunahme der Bevölkerung und als auch den Niedergelassenen die Teilnahme gestattet wurde, verlegte man die Versammlungen in den Gasthof zum Adler. Nachdem hier die nötigen Vorkehrungen zum Sitzen getroffen waren, konnte es dem Eigentümer nicht dienen, daß auch der Hechtwirt Ansprüche auf den gleichen Vorteil erhob, die aber nur ausnahmsweise berücksichtigt wurden.

Von den Traktanden der Civilgemeinde, die teils regelmäßig, teils nur in einzelnen Malen zur Verhandlung kamen, beziehen sich die wichtigsten auf Wahlen, Finanzwesen, öffentliche Arbeiten, Polizei, Schule und Verkehrsanstalten.

Wahlen.

Am 30. Juni 1854 wählte die „Gemeinde Dübendorf" auf 3 Jahre ein Wahlkollegium von 21 Mitgliedern, dessen Bestimmung im Protokoll nicht angegeben ist, aber höchst wahrscheinlich die Wahl des Großen Rates war.

Am 2. Dezember desselben Jahres erfolgte die Erneuerungswahl des Gemeinderatspräsidenten, Gemeindammanns, Friedensrichters und zweier Mitglieder des Gemeindrates.

Bei all diesen Wahlen muß die Beteiligung der andern Civilgemeinden vorausgesetzt werden, obwohl das Protokoll nichts davon erwähnt.

Die Civilgemeinde wählte ferner ihre eignen Beamten und Angestellten, Wächter und Wegknechte, und vom Jahre 1866 an in ihre Vorsteherschaft von 3 Mitgliedern einen Niedergelassenen, und dazu zwei Ersatzmänner.

Frohndienste.
Gemeindsbeschluß vom 5. März 1834.

1. Es sollen die Frohndienste nach gesetzlicher Anleitung geleistet werden, nämlich auf jeden Aktivbürger.

2. Die Fuhren sollen ebenso geleistet werden, nach Gesetz, auch solle ein jeder eine beschlossene Pännen auf seinem Wagen führen.

1841 wird infolge ungleichmäßiger Fuhrleistungen beschlossen:

1. Es sei der Gemeinderat beauftragt, eine Untersuchung des Viehstandes sowie eine neue, regelmäßigere Einteilung der Züge vorzunehmen.

2. Zu diesem Behufe seien aus jeder Klasse 2 Ausschüsse zu bezeichnen, die mit dem Gemeinderate diese Untersuchung und Einteilung vorzunehmen haben.

3. Mit Bezug auf diejenigen, die seit dem Jahr 1838 keine Fuhren geleistet haben, daher für dieselben zu bezahlen verpflichtet sind, wird der Sekelmeister beauftragt, die Bezahlung von ihnen einzufordern.

1847. 24. März. Es soll neuerdings eine Zählung des Viehstandes vorgenommen und von denjenigen, welche keinen Fuhrdienst leisten wollen, eine entsprechende Bezahlung verlangt werden. Die Besammlungszeit soll vorher festgesetzt und nach der Uhr des Civilvorstehers inne gehalten werden; zu spät kommende und ausbleibende trifft Buße von 2 Batzen resp. 1 Franken. Jeder hat eine beschlossene Benne zu führen. Für Handdienst werden nur Konfirmirte zugelassen. Auf 2 Kühe rechnet man $1/4$, auf 8 Kühe eine ganze Benne.

Verkehrsanstalten.

1856 wird ein Postkurs Zürich-Fehraltorf-Bauma eingerichtet, mit 12 plätzigen Wagen und 2 wöchentlichen Fahrten. Im gleichen Jahre Rudolf Pfister gegen Personalkaution zum gesetzlichen Boten für Dübendorf ernannt. Diese Anstellung scheint aber bald wieder eingegangen zu sein, wenigstens bestand sie im Jahre 1860 nicht mehr.

1845. Petition an den Großen Rat betreffend die Herstellung einer Eisenbahn von Basel nach Zürich.

1853. Gesuch an die Kreispostverwaltung Zürich um Herabsetzung des Briefporto zwischen Zürich und Dübendorf von 10 auf 5 Rappen.

Petition an den Großen Rat, daß die Nordostbahn über Wallisellen und nicht über Kloten gezogen werde.

1856 gelangte Dübendorf in den Besitz einer Eisenbahnstation. Die Glatthallinie reichte zwar vorläufig nur von Wallisellen bis Uster, und an ersterm Orte mußte man regelmäßig umsteigen und oft lange auf einen von Winterthur kommenden Zug warten, um mit demselben die Reise nach Zürich fortsetzen zu können.

Teils durch freiwillige Beiträge, teils auf dem Steuerwege wurde auch der Telegraph dem allgemeinen Gebrauche zugänglich gemacht, indem die Vereinigten Schweizerbahnen ihr Leitungsnetz zur Verfügung stellten. Nach Ablauf des bezüglichen Vertrages 1894 erhielt die politische Gemeinde ein eigenes Telegraphenamt, das im Postbureau eingerichtet wurde. Besoldung des Telegraphisten 200 Fr. nebst Depeschenprovision.

1895 wurde im Tuchladen der Consumgenossenschaft eine öffentliche Telephonstation eingerichtet und 1896 zu einer Umschaltstelle für 15 Telephonabonnenten in Dübendorf und Wangen umgewandelt.

Auf die eidgenössische Abstimmung über das Gesetz betreffend Rückkauf der Eisenbahnen durch den Bund hatten sowohl Freunde als Gegner des Gesetzes mit schwerwiegenden Gründen das Volk zu bearbeiten gesucht. Am 20. Februar 1898 votierten in Dübendorf von 605 Stimmberechtigten 314 mit Ja, 51 mit Nein, die übrigen entschlugen sich aller Verantwortlichkeit.

12. Kapitel.

Polizeiwesen.

Schon bei Anlaß der Offnung, sowie der Glatt- und Forstordnung begegnen wir Beamten und Angestellten, welche den Vollzug der obrigkeitlichen Vorschriften zu überwachen haben. In den Urteilsprotokollen der Obervögte kommen wohl polizeiliche Verfügungen, aber nicht die Organisation des Polizeidienstes zur Sprache.

Dagegen werden in den Protokollen und Rechnungen der Civilgemeinde die Organe der kantonalen und örtlichen Sicherheitspolizei, oder vielmehr die an sie gewendeten Kosten regelmäßig aufgeführt, nämlich

1820—1850 Landjägerquartiergeld 2 mal jährlich fl. 18.15 ß.

Außerdem

1820—1822 Landjägergeld . . . . . . fl. 70.—
1824—1850 „ . . . . „ 98.15 ß

Die Ortspolizei kommt einem Wächter zu, der folgende Entschädigungen bezieht:

1820 2 Paar Schuhe und von Zeit zu Zeit einen Rock (der 1820 15 fl. 6 ß. kostet.)
1828 eine Zulage von . . . . 20 fl.
1850 Wartgeld von . . . . 5—10 „
1851 „ „ . . . . . 2 fl. 10 ß und 10 „
1854 eine Besoldung von 50 fl. und ein Paar Schuhe. Manche Verrichtungen werden besonders vergütet.

1857 wird ein Spettwächter angestellt und mit 2 fl. 10 ß bezahlt.

1843 wird beschlossen, daß der Wächter aus dem Bürgergut bezahlt werden und von jedem Ansäß 4 Batzen beziehen solle.

1857 wird die Besoldung des Wächters auf 120 Fr. fixiert, nebst Fr. 25.55 Zulage und Vergütung der Ausrüstung

1863 erhält derselbe Fr. 105.55 nebst Fr. 38 Zulage und ein Paar Schuhe. Bis

1876 steigt die Besoldung auf Fr. 250 an, wozu jährlich 14 Fr. für Schuhe und zeitweise kleinere Beträge für die übrige Ausrüstung kommen.

Während also der Titel eines Wächters samt Waffenrock und Säbel sich bis in die neueste Zeit erhalten hat, sind dagegen seine Verrichtungen fast ausschließlich die eines Weibels für Kirchen- und Schulpflege. Von nächtlichem Patrouillieren und Stundenrufen hört man längst nichts mehr, und für Festnahme und Transport von Verbrechern, Verhinderung der Bettelei und dergl. sorgt ein im Dorfe stationierter Kantonspolizist, dessen Thätigkeit sich freilich noch über einige Nachbargemeinden erstreckt. Dem sogenannten Stromertum hat seit einigen Jahren die Naturalverpflegung wesentlich Abbruch gethan. Die früher allgemein üblichen Nachtbubenstreiche sind außer Gebrauch gekommen. Nächtlicher Straßenlärm mit oder ohne Ranfereien folgt meistens den Tanzabenden und andern festlichen Anlässen.

Die gegenseitige Bekanntschaft unter der großen Mehrzahl der Einwohner bringt es mit sich, daß manche Polizeivergehen auf nicht amtlichem Wege unterdrückt oder auch durch gütliche Verständigung mit den Geschädigten der Öffentlichkeit entrückt werden können.

1890 führte der Gemeinderat zur Verhütung nächtlicher Ruhestörungen eine Polizeistunde ein in dem Sinne, daß von nachts 11 Uhr an keine Getränke mehr verabfolgt werden dürfen, bei 15 Fr. Buße für Wirt und Konsument.

1896 ging die Wahl des Dorfpolizisten an die politische Gemeinde über.

Gesundheitspolizei.

Laut Kirchenprotokoll fand 1715 in der Kirche unter Aufsicht des Pfarrers und zweier Untervögte eine Hebammenwahl „durch die wyberschaft" statt. Ebenso 1737 nebst Ernennung einer Spetterin, welcher vom Einkommen der Hebamme 2 Viertel Kernen als Wartgeld zugesprochen werden. 1754 wird wegen schwachen Umständen der bisherigen Hebamme eine neue, zunächst provisorisch, auf derselben Ableben hin aber im voraus definitiv gewählt, obschon sie als Wahrsagerin verschrien war. Die Wahl mit 103 Stimmen gegen 2 und 8 gilt als Zeugnis ihrer Unschuld.

1820—1857 erhält die Hebamme ein Wartgeld von 30 fl. (Fr. 58.55), die Spetthebamme 18 fl. 15 B; das letztere wird 1824 auf 25 fl. erhöht.

1877 wurden durch ein Gesetz die örtlichen Gesundheitskommissionen eingeführt. In Dübendorf setzte man die Mitgliederzahl auf fünf fest, wovon der Präsident von Amts wegen dem Gemeindrat angehören mußte. Eine Hauptaufgabe der neuen Behörde war die Lebensmittelkontrolle, die freilich manchenorts nur ungern geduldet wurde. Ein wesentliches Verdienst erwarb sich eines der jüngern Mitglieder durch Beschaffung eines Krankenwagens, der im Jahre 1892 in Gebrauch kam.

1893 ging das Begräbniswesen an die politische Gemeinde über. Die Besorgung desselben fiel der Gesundheitskommission zu. Damit hing auch die Einführung eines Leichenwagens zusammen, im Preise von 750 Franken, woran der Staat 300 Franken beitrug.

Auf freiwilligem Wege wurde 1894 ein Krankenmobilienmagazin errichtet.

1896 führte die Gesundheitskommission zur Vereinfachung der Leichenbegängnisse die Trauerurne ein.

Die epidemischen Krankheiten finden im 22. Kapitel Erwähnung.

Von Krankheiten des Viehes gab hauptsächlich die Maul- und Klauenseuche Anlaß zu besondern Maßregeln, wozu namentlich die tierärztliche Aufsicht über die Viehmärkte gehört.

Die Feuerpolizei wird im 16. und 17., die Sittenpolizei im 6. und 11. Kapitel besprochen.

13. Kapitel.

Finanzwesen.

Wir haben gesehen, daß im Mittelalter der Zehnten diejenige Abgabe war, die den gemeinen Mann am meisten in Anspruch nahm, und daß alle Vergehen gegen die öffentliche Ordnung und Sicherheit, mit Ausnahme der todeswürdigen Verbrechen, durch Geldbußen bestraft wurden. Es hing dann vom Belieben der Zehntenherren und Vögte ab, inwieweit sie ihre Einkünfte zum Wohle des Volkes verwenden wollten. Eine Gemeindsverwaltung im heutigen Sinne des Wortes gab es also überhaupt nicht. Ob die Steuerverordnung von 1442 sich auf die alte Reichssteuer bezieht, oder ob damit eine neue Last für die Unterthanen der Stadt Zürich eingeführt wurde, mag dahingestellt bleiben. Es ist aber sehr wahrscheinlich, daß deren Ertrag zum weitaus größten Teil der Stadt allein zugute kam.

Jene Verordnung schreibt vor, daß auf Dienstag nach Allerheiligen die Steuer in Zürich entrichtet werden solle und zwar im Verhältnis von 2 dn. auf 1 ff. Dieser Steuer soll liegendes wie fahrendes Gut unterliegen, mit einziger Ausnahme des Harnisches, womit einer der Stadt wartet.

Wer bei geringem Vermögen großen Aufwand mit Kleidern treibt oder guten Verdienst hat, soll nach Maßgabe dessen besteuert werden.

Wer über 500 ff. hat, soll schwören, daß er richtig steure, wer weniger als 100 ff. hat, bei dem sollen die Steurer nach obiger Vorschrift taxieren.

Es ist einem Manne gestattet für seine Frau zu schwören; will er aber nicht, so soll diese es thun.

Ein Knecht, der im Wochenlohn dient, gleichviel ob er ein Angehöriger der Stadt sei und liegendes Gut habe oder nicht, soll einen Wochenlohn als Steuer geben.

Bei Dienstmägden bestimmen die Beamten den Steuerbetrag nach Maßgabe des Lohnes und Gewandes.

2 dn. ist der mindeste Steuerbetrag für Dienstboten.

Die noch vorhandenen Steuerbücher aus den Jahren 1410—1454 sind aber in mehrfacher Hinsicht unklar.

Schon die ungleiche Zahl der Personen und Haushaltungen in jedem der angegebenen Jahrgänge kann unmöglich der Wirklichkeit entsprechen; sodann sind Namen und Zahlen in den alten Steuerbüchern zum Teil sehr undeutlich geschrieben und schwer lesbar. Oft ist es zweifelhaft, ob verschiedene Benennungen auf die gleiche Person hinweisen sollen, oder ob unter gleichem Namen einmal der Vater, ein andres Mal ein Sohn, Enkel oder Neffe erscheint. Auch der Umstand, daß bald nur eine, bald mehrere Personen an einem gewissen Steuerbetrag partizipieren, vereitelt jeden Einblick in die Schwankungen des allgemeinen Wohlstandes.

Als Gemeindesteuern erscheinen erst die Einzugsgelder, die von den Neubürgern als Ersatz für den Mitgenuß der Bürgernutzungen verlangt werden. Die Festsetzung derselben geschieht auf Ansuchen der Gemeinde durch die Obrigkeit, welche einen gleichen Betrag für die Staatskasse in Anspruch nimmt.

Es liegen hierüber folgende Akten vor:

1587. 30. Januar. Dübendorf begehrt eine Verstärkung des Einzugsgeldes, welches bisher 10 ß betrug, in Betracht der zahlreichen Einzüglinge, welche auf Wunn und Weide Anspruch machen. Vor Bürgermeister Thomann und beide Räte gebracht.

14. Februar. Die Einzugsgebühr wird für Kantonsbürger[1]) auf

---

[1]) Obwohl der Ausdruck „Kanton" erst 1798 eingeführt wurde, bezeichnen wir hier der Kürze halber als Kantonsbürger die Angehörigen des Standes Zürich auf der Landschaft im Gegensatz zu den Stadtbürgern und den Eidgenossen anderer Stände.

15 fl. angesetzt, für Eidgenossen auf 30, nebst ebensoviel Schirmgeld an die Staatskasse. Ausländer dürfen gar nicht angenommen werden ohne spezielle Bewilligung der Regierung.

1600. 24. April wird die Einzugsgebühr für Kantonsbürger auf 30, für Eidgenossen auf 60 fl. bestimmt. Ausländern kann man eine beliebige Summe abfordern und ebensoviel haben dieselben als Schirmgeld in die Staatskasse zu bezahlen. Ein Einwohner, der sein Haus und Heim verkauft, hat keinen Anspruch mehr an die öffentlichen Güter, bis er von neuem sich ansiedelt und die frühere Einzugsgebühr von 15 fl. bezahlt. — Bürgermeister Großmann und verordnete Rechenherren.

14. Mai. Der Einzug ist nur denen zu gestatten, die sich ausweisen, daß sie den Kaufschilling für ihr zu erwerbendes Haus und Heim erlegen können, sowie 30 fl. Einzugsgeld. Dieses beträgt für Eidgenossen 60 fl. und ebensoviel ist als Schirmgeld an die Regierung zu entrichten. Landesfremde bedürfen der obrigkeitlichen Bewilligung und haben eine mit der Gemeinde zu vereinbarende Summe einerseits an diese, anderseits an die Obrigkeit zu bezahlen.

1626. 21. November. Die Einzugsgebühr wird für Kantonsangehörige auf 50, für andere Eidgenossen auf 100 fl. erhöht, nebst ebensoviel Schirmgeld. Mit Ausländern ist die Gebühr jeweilen zu vereinbaren und wird ebenfalls ein gleich hohes Schirmgeld verlangt. Wer zum Zweck des Einzuges nur ein halbes Haus kauft, hat keinen Anspruch auf Einbürgerung, oder der Verkäufer verwirkt dabei seine Heimatsrechte. — Statthalter Maag und verordnete Rechenherren.

2. Dezember wird dieser Entscheid bestätigt mit dem Zusatz, daß diejenigen, welche wegen Unfall (Hagel, Feuer u. dgl.) oder wegen Liederlichkeit ihr Grundeigentum verkaufen mußten, doch in der Gemeinde bleiben dürfen, insofern sie Unterkunft finden, aber ohne Nutznießung an den öffentlichen Gütern und ohne Stimmrecht, bis sie wieder zu Grundeigentum gekommen sind und das Einzuggeld neuerdings bezahlt haben. Alle außerkantonalen Einzüger müssen sich über ihr früheres Bürgerrecht und guten Leumund ausweisen, sowie darüber, daß bei Hinterlassung von Kindern ohne Vermögen

die Verwandten am Heimatsort zur Versorgung der Kinder ohne
anderweitige Hülfe verpflichtet seien. Sind in einem Hause zwei oder
mehr Haushaltungen, so kommt demselben doch nur eine Gerechtigkeit
zu. Wer eine halbe Behausung erkauft, hat damit keinen Anspruch
auf die Genoßsame, und der Verkäufer verwirkt die seinige. Ein
Bürger, der eine zeitlang anderwärts das Dorfrecht genossen hat und
wieder in seine alte Heimat einziehen will, muß zuvor 50 fl. bezahlen.
Auf schon vorhandenes Eigentum darf jeder ziehen oder einen Lehenmann setzen ohne weitere Umstände. Wenn einer mit verheirateten
Söhnen einzieht, so erlangen diese das Bürgerrecht erst, nachdem sie
selbst Grundeigentum erworben und das Einzugsgeld bezahlt haben.
Für ledige Söhne aber soll der Vater das Einzugsgeld bezahlen, und
dann können sie später nicht mehr dafür belangt werden. Alle Einzugsgelder sollen zum Nutzen der Gemeinde angelegt und so verwendet
werden, daß zu jeder Zeit darüber Rechenschaft gegeben werden kann.

Einzugbrief der Einwohner im Gfenn.

Burgermeister und Rat der Stadt Zürich haben von Rudolf
Körner, dem Vogt zu Greifensee, eine Bittschrift betr. Einzuggeld
erhalten. Bisher war solches nicht bestimmt, sondern wurde jeweilen
in geringem Betrage erhoben. Dadurch wurde aber der Weidgang
beschwert, da in letzter Zeit statt 3—4 Haushaltungen deren 8—9
daselbst gewesen. Wir verfügen, daß die im Gfenn nur denen den
Ankauf von Haus und Heim gestatten sollen, die sich über den Besitz
des Kaufschillings ausweisen können; außerdem haben Kantonsangehörige ein Einzuggeld von 20 fl., andre Eidgenossen 40 fl. zu
entrichten und ebensoviel Schirmgeld an die Obrigkeit. Landesfremde
bedürfen erstlich der obrigkeitlichen Bewilligung und haben das Einzuggeld mit der Gemeinde zu vereinbaren und einen gleichen Betrag
als Schirmgeld zu entrichten. Endlich müssen sowohl Kantons- als
Landesfremde sich über ihr bisheriges Burgerrecht und Leumund
ausweisen, sowie darüber, daß allfällig hinterlassene Kinder ohne
Vermögen von der dortigen Verwandten zu übernehmen seien, ohne
anderweitige Ansprüche auf Unterstützung. Die Einzüger sollen dann
von den Gemeindevorstehern zur Sparsamkeit ermahnt werden.

Wer durch irgend einen Unfall zum Verkauf seines Heimwesens genötigt wird, darf in der Gemeinde bleiben, insofern er daselbst Unterkunft findet, aber ohne Genuß am Gemeindgut und ohne Stimmrecht, bis er wieder Grundeigentum erworben und das Einzuggeld neuerdings bezahlt hat. Auch wer in spekulativer Absicht sein Heimwesen verkauft, unterliegt den gleichen Bestimmungen. Sind zwei Haushaltungen in einem Hause, so kommt dem letztern doch nur eine Nutznießung zu. Auch wer zeitweise an einem andern Ort verbürgert war und in seine alte Heimat zurückkehren will, hat das volle Einzugsgeld zu bezahlen. Wer aber auf sein voriges Eigentum ziehen oder einen Lehmann daselbst setzen will, ist keine Gebühren schuldig. Verheiratete Söhne eines Einzügers werden erst dorfberechtigt, wenn sie eigenes Grundeigentum erwerben und ein gleiches Einzuggeld wie der Vater bezahlen. Für ledige Söhne gilt des Vaters Einzuggeld auf immer. Das Einzuggeld ist ausschließlich zum Nutzen der Gemeinde zu verwenden und jederzeit muß darüber Rechenschaft abgelegt werden können.

Mittwoch, 22. April 1644.

Über die Verwendung der vorgedachten Einnahmen liegen keine Rechnungen vor. Wir wissen nur, daß seit 1468 verschiedene Straßen- und Brückenbauten auf Rechnung der Gemeinde erstellt wurden und daß ein Ratsbeschluß vom Jahre 1578 den Geschwornen eine Besoldung von 4 ß zusprach (vgl. 11. Kap. S. 76).

Die Besoldung des Weibels wurde am 25. August 1618 im Beisein der Obervögte Christoph Keller und Jakob Hafner in der Weise festgestellt, daß von 23 Grundstücken je 1—4, im ganzen 39 Korngarben und 55 Habergarben jährlich geliefert werden mußten. Dazu kamen noch ausnahmsweise, der Dreifelderwirtschaft entsprechend, gleiche Abgaben von der Frucht, die je im betreffenden Jahre auf bestimmten Äckern gepflanzt wurde, im ganzen 5 Korngarben und 5 Habergarben. — Ärmere Leute haben von einer Juchart Kornfeld 1 ß., von einer Juchart Haberfeld 1 Kreuzer zu entrichten.

Aus dem 18. Jahrhundert ist die Verwaltung des Gemeindegutes zweimal in den Urteilsprotokollen der Vogtei Dübendorf und einmal in den Pfrundakten erwähnt:

7. Juni 1776. Dem Sekelmeister Hs. Jakob Attinger wurde seine Rechnung über die Verwaltung des Gemeindguts mit obrigkeitlichem Wohlgefallen abgenommen; beynebst ward erkennt, daß Militärausgaben nicht mehr aus dem Gemeindgut, sondern aus dem Schützengut oder aus dem einzunehmenden Doppel bezahlt werden sollen.

27. November 1778. Wegen verbotenem Weiden des S. V. Viehß in dem Dübendorfer Holz solle Salomon Lang von Widikon (Wytikon) 5 ß. Gelts als eine Indemnisation zu Handen des Dübendorfer Gemeindguth; dem Weibel 2 ß. Gelts wegen der Leidung und dem Sekelmeister Dämperli 1 ß. wegen dißfahls gehabter Mühe zu bezahlen schuldig seyn.

1797 betrug die Zahl der Einwohner	1450
" " " " der unterstützten Familien	17
" " " " " Einzelpersonen	14
Unterstützungen aus dem Obmannamt:	
Monatsgelder	181 fl 12 ß
Brote	1634½
Unterstützungen aus dem Armengut	5479 fl 17 ß
Unterstützungen aus dem Kirchengut:	
Geld	5200 fl
Zehnten und Bodenzins	6 Mütt Kernen
Schullöhne und ähnliche Ausgaben	87 fl 19 ß 6 Hlr
Verkostgeldete Waisen und uneheliche Kinder, Zahl	8
Kostgeld jährlich	50—60 fl
Ausgeteiltes Land unter die Güterlosen	½ oder 1 Vierling jeder Partei
Zahl der Straßenbettler	6—8
Kirchensteuern für die Armen	287 fl 18 ß 11 Hlr
Einzugsgelder für fremde Bürger und Weiber	70 fl

Über das Finanzwesen im 19. Jahrhundert geben uns erst seit 1820 die Gemeindgutsrechnungen und später die Gemeindprotokolle und die Rechenschaftsberichte des Regierungsrats Aufschluß.

Die Gemeindsrechnungen beziehen sich ausschließlich auf die Civilgemeinde Dübendorf, wenn auch diese erst nach der Ausscheidung von Bürger- und Gerechtigkeitsgut, nämlich im Jahre 1835, als solche genannt wird. Für die gemeinsamen Angelegenheiten des Polizei- und Straßenwesens bezieht die Civilgemeinde Dübendorf von den Civilgemeinden Berg, Gfenn und Hermikon seit 1825 entsprechende Beiträge und besoldet auch die Beamten und Angestellten der politischen Gemeinde.

Die ältesten Rechnungen sind ganz handschriftlich ausgefertigt und zeigen nachstehende Form:

Einnahmen: an Kapitalzinsen;
an Lehenzinsen;
an Hintersäßgeld, seit 1835 Aufäßgebühr, 1858 Niederlassungsgebühren genannt, 1869 abgeschafft;
von Hochzeiten (bis 1833);
Erlös von Holz \
Erlös von Riedgras / bis 1832;
Graben- und Bachbußen (bis 1839);
Allerlei.

Ausgaben: Hauszins für Arme;
Andre Ausgaben für Arme;
Feuergerätschaften;
Besoldungen und Gänge;
Allerlei.

Unter letzterem Titel ist Manches zusammengefaßt, was entweder den vorstehenden oder ganz neuen Rubriken einzureihen wäre, z. B. Schulausgaben, Fuhrlöhne, Wart- und Taggelder für die Angestellten, Bauarbeiten, Brandassekuranz, Militärwesen, Kanzleikosten, Polizei.

Als Vermögensstücke sind 1821 aufgeführt:

an Gebäuden: das Schul- und Gemeindhaus;
der Gemeindschopf;
an Grundstücken: der Exerzierplatz nebst anliegendem Land;
12 Juchart Gerechtigkeitsgut im Ried;
an Gerätschaften: 2 Spritzen nebst anderm Löschmaterial (ohne Wertangabe).

Die Rechnung wird abgenommen vom Ober-Waisenamt Greifensee.

1825 werden von 400 fl. Einzugsgeld 50 fl. dem Kirchen- und Armengut zugeteilt.

Die Gemeindsrechnung wird (zum erstenmal) am 13. Januar 1834 vor der Gemeinde verlesen und durch dieselbe genehmigt.

Im Jahre 1854 wurde laut Gesetz vom 20. September 1833 das Bürgergut vom Gerechtigkeitsgute ausgeschieden, nachdem es, wie die Rechnungen zeigen, gerade seinen niedrigsten Stand erreicht hatte. In den folgenden 30 Jahren wuchs es wieder an, um dann neuerdings zurückzugehen, was freilich mit dem allgemeinen Sinken des Zinsfußes zusammenhing.

Ausscheidungsurkunde des Gemeinds- u. Gerechtigkeitsgutes der Civilgemeinde Düsendorf.

Diese Gemeinde zählt gegenwärtig 214 anwesende Hausväter und besitzt an Gerechtigkeitsgut

Ca. 525 Juchart Holz und Boden.		
„ 31 „ Riedtwiesen an einigen Stücken.		
An Capital für verkauftes Land	fl.	1,782. — C.
Ein Wohnhaus gewerthet	„	(?)

Darauf haften zu Gunsten des Bürgergutes nach einem 10jährigen Durchschnittsbetrag der Rechnungen per Jahr nachfolgende Lasten:

Benanntlich

An Vorsteherbesoldung und Gängen	fl.	39. 4 C.
„ Armenbeyträge	„	98. 16 „
„ Brunnenkosten und Täuchelanschaffung . . .	„	6. 30 „
„ Feuerlauf	„	31. 15 „
„ Löschgeräthschaften	„	14. 20 „
„ Gemeindsgeräthschaften	„	19. 37 „
„ Feuerweyer und Täuchelanschaffung . . .	„	5. 17 „
„ Schulreparaturen	„	3. 26 „
„ Lehrmittel in die Schule	„	1. 23 „
„ Beleuchtung der Schule	„	7. — „
„ Brücken-, Steg- und Straßenkosten . . .	„	106. 19 „
„ Wegknecht Besoldung und Effekten . . .	„	38. 21 „
„ Wächter Besoldung	„	9. 22 „
„ Hebammen Besoldung und Medicinen . . .	„	29. 38 „
„ Rechnungskosten	„	2. 21 „
„ Kosterlohn von der Schulgerechtigkeit . . .	„	—. 32 „
„ Allerley	„	1. 9 „
„ Lasten, welche in den Rechnungen nicht enthalten sind. Holz zu den Brücken und Stegen . .	„	18. — „
Frohnarbeit auf jede Gerechtigkeit 4 Tag. zusammen 258 Tag à 16 t. gerechnet	„	115. 8 „
	fl.	550. 2 C.

Jährlicher Durchschnittsbetrag, welcher zu 4°/₀ berechnet,
   im 25 fachen Werthe Capitalisirt beträgt . . fl. 13.751. 2 ß.
Darauf haften an Passiva zu Gunsten des Armengutes
   vide oben . . . . „ 2.460. — „
                                                fl. 11.291. 2 ß.
Hiezu rechnet sich noch an Bürgergut fl. 2.843 unter
   folgenden Titteln:
                    Benanntlich
Antheil an dem Zuchtochsenfond . . . . fl. 1.503. — ß.
2 Spritzen samt Zubehörd . . . . „ 1.000. — „
An Ackerland die Sandgrub . . . . „ 120. — „
Im Spritzenhaus gewerthet . . . . „ 200. — „
An Gemeindsgeräthschaften . . . . „ 20. — „
                                                fl. 2.843. — ß.
       Bestand des Bürgergutes fl. 14.134. 2 ß.

8. November 1854 vor versammelter Gemeinde verlesen und angenohmen.

Am 2. Dezember 1854 wurde bezüglich des Exerzierplatzes vereinbart, daß die Civilgemeinden keinen Anteil am allfälligen Ertrag desselben haben sollen; wenn es aber zum Verkaufe kommt, so fallen zunächst 40 fl. an die Civilgemeinde Dübendorf, der Rest wird auf die Bevölkerung verteilt oder an einen neuen Exerzierplatz verwendet.

Seit 1857 wird in der Rechnung für das Polizeiwesen unterschieden die Feuer-, Sicherheits- und Gesundheitspolizei.

1858 erscheint das Bauwesen als besondere Rubrik und

1841 kommen gedruckte Rechnungsformulare in Gebrauch.

Am 13. November 1841 wurde vorgenannte Ausscheidungsurkunde in dem Sinne abgeändert, daß anstatt fl. 13.751.2 ß. künftig fl. 18.000 für die auf dem Gerechtigkeitsgut gehafteten Lasten zu gunsten der Civilgemeinden festgesetzt wurden. Der Zins davon, 1500 fl. (?), sollte zum Unterhalt der Zuchtochsen für die Civilgemeinde Dübendorf dienen.

Die Rechnung über den Zuchtochsenfond geht nur die Viehbesitzer an und wird in besondern Herbstgemeinden vorgelegt.

Von 1847 an werden die allgemeinen Ausgaben, wozu auch die Besoldung der Beamten für die politische Gemeinde gehört, nicht mehr von der Civilgemeinde Dübendorf unter Beitragspflicht der übrigen Civilgemeinden bestritten, sondern durch die politische Gemeinde, welcher hiezu die Beiträge sämtlicher Civilgemeinden einzuliefern sind. Die Vermögenssteuer der Bürger wird nach wie vor aus dem Bürgergut bezahlt.

1866 werden neue Formulare eingeführt, worin die Kapital- oder Stammgutrechnung und die Korrentrechnung gesondert sind.

1870 wird bei Anlaß einer Straßenbaute von Kämaten nach Gothausen beschlossen, daß die Erstellung und der Unterhalt aller Straßen der politischen Gemeinde zukomme.

1880 übernimmt diese auch das Feuerlöschwesen, so daß den Civilgemeinden nur noch das Flur- und Brunnenwesen, die Sicherheitspolizei, die Verwaltung des Bürgergutes und das Zuchtochsenwesen verbleibt.

Unter den Einnahmen verdient das Mezgrecht besondere Erwähnung. Schon in der Rechnung vom Jahre 1820 findet sich der Pachtzins von der Mezg angegeben, einen bezüglichen Pachtvertrag hingegen zeigt erst ein Gemeindsprotokoll von 1836.

Das Mezgrecht.

1836 wird die Gemeindemezg für 3 Jahre unter folgenden Conditionen verpachtet:

1. Die Mezg soll für 3 Jahre nach den jetzt bestehenden Gesetzen verliehen werden, in dem Sinne, daß eine allfällige Abänderung des Gesetzes in der Zwischenzeit die des Vertrages zur Folge hätte.

2. Jeder Gemeindsbürger ist berechtigt, wenn er ein Stück Vieh ½ Jahr in seinem eignen Stalle gehalten, dasselbe abzuschlachten und nach Belieben zu verkaufen. Bei Unglücksfällen, wenn es die Not erfordert.

3. Der Lehenschilling soll genügend verbürgt werden.

4. Das Mezgrecht solle in der Gemeinde ausgeübt werden.

5. Die Mezg kann mit Lichtmeß 1836 angetreten werden.

6. Der letzte Bieter ist behaftet, die Gemeinde behält sich 8 Tage Bedenkzeit vor.

Dieselbe hat empfangen: Hr. GAmm. Goßweiler des Jahrs für 115 fl.

1859. Den obstehenden Bedingungen wird beigefügt:

ad 3. Dem Mezger wird zur Pflicht gemacht, kein ungesundes oder von einer Seuche behaftetes Vieh abzuschlachten und die Gemeindsbürger möglichst gut mit Fleisch zu bedienen.

ad 4. Die Hälfte jedes Jahreszinses soll beim Anfang, die zweite Hälfte mit Ende des Lehenjahres an den Sekelmeister bezahlt werden.

ad 6. Die Bürgerschaft ist berechtigt, falls die gebotene Pacht nicht gehörig gelten sollte, die Bewilligung zurückzuziehen.

Die Mezg hat in Pacht genommen Mezger Jakob Schultheß um 60 fl. des Jahrs.

Die Mezgpacht ertrug in den Jahren 1836—1851 35 bis 78 Gulden; 1852—1864 289 -900 Franken.

1855. Zusätze zu den Pachtbedingungen:

1. Das Mezgrecht soll in der Gemeinde selbst ausgeübt werden, das Fleisch darf daher nicht aus einer andern Gemeinde geholt und hier ausgewogen werden.

2. Wird die Ausübung des Mezgrechts durch den Pächter acht Tage lang unterbrochen, so steht der C. V. das Recht zu, sofort für die folgende Woche das Mezgrecht sowie den Fleischverkauf in hiesiger C. G. freizugeben und dasselbe so lange ausüben zu lassen, bis der Pächter durch schriftliche Anzeige bei dem Präsidenten der C. G. die Ausübung seines Mezgrechtes wieder verlangt. Infolgedessen tritt erst nach Verfluß von 10 Tagen die Aufhebung des freien Mezgrechts wieder ein.

3. Der Pächter bezahlt einen jährlichen Pachtzins, dessen Größe durch Absteigerung ermittelt wird. Derselbe ist in 2 gleichen Raten und zwar die erste Hälfte mit Lichtmeß jeden Jahres, die zweite nach Verfluß eines halben Jahres vorauszubezahlen. Sollte der Pächter diese Zahlungstermine überwarten, so ist der Bürgergutsverwalter

berechtigt, für das längere Ausstehen des Pachtzinses demselben den Zins à 5 % in Rechnung zu bringen.

Ebenso ist der Pächter verpflichtet, den Pachtzins für alle drei Jahre durch zwei annehmbare Personen zu verbürgen, und es hat derselbe den Bürgschaftschein innerhalb acht Tagen a dato dem Präsidenten der C. V. zu behändigen; erst nach geschehener Bürgschaftsleistung tritt der Pachtvertrag in Kraft.

1868 berechnet der Sekelmeister den Ausfall des Pachtzinses infolge Freigebung des Mezggewerbes auf Fr. 825. Die um dieselbe Zeit eingeführten Viehmärkte boten keinen Ersatz dafür, da sie nur 33—40 in den letzten Jahren sogar nur 20 Fr. jährlich eintrugen.

Die gesamten Ausgaben des Gemeindegutes lassen sich in folgende Gruppen zusammenfassen:

	Jahresmittel	Maximum	Jahr	Minimum	Jahr
	Fr.	Fr.		Fr.	
Besoldungen und Taggelder	274.94	412.40	1866	86.32	1850
Armenwesen	150.75	419.97	1829	116.49	1827
Bauwesen	663.05	6,384.74	1878	60.—	1888
Forstwesen	52.80	143.50	1829	7.80	1822
Militär	61.38	124.14	1829	29.16	1831
Sicherheitspolizei	166.32	308.30	1877	8.15	1833
Feuerpolizei	137.95	507.44	1858	2.45	1820
Sanitätspolizei	71.92	411.18	1838	7.40	1872
Schule	78.86	157.48	1828	29.65	1835

Dabei sind die Geldsorten der ältern Rechnungen in den gegenwärtigen Münzfuß umgesetzt. 50 fl. oder 25 fl. = Fr. 58.33. Das Jahresmittel ergab sich aus der Summe sämtlicher Jahresbeträge, geteilt durch die Zahl der betreffenden Jahre. Das Armenwesen erscheint nämlich nur bis 1855, das Bauwesen dagegen, sowie die Sicherheits- und Gesundheitspolizei bis 1889 in den Rechnungen der Civilgemeinde.

Besoldungen. Laut Gesetz vom 18. Dezember 1815 war der Präsident des Gemeinderates zugleich Gemeindammann. Bis

1830 bezog derselbe 10 fl. Wartgeld, ebensoviel kam dem Seckelmeister zu, die zwei übrigen Mitglieder des Gemeinderats erhielten anfänglich je 4, von 1825 an je 5 fl. 1831 beziehen drei Mitglieder nur je 2 fl. 10 ß.

1836—1837 werden die Beamten der Kirchgemeinde und der Civilgemeinde gesondert aufgeführt. In beiden Behörden bezieht der Präsident 5 fl., der Seckelmeister der Kirchgemeinde 1856 ebenfalls 5, 1837 nur 2 fl. 20 ß. In der Civilgemeinde sind Präsident und Seckelmeister für beide Jahre gleich gestellt auf 5 fl.

Von 1838—1843 ist Gemeindspräsident mit drei Gemeindräten aufgeführt, 1847 erst wird ausdrücklich Civilpräsident und 1—2 Civilvorsteher genannt.

1843 wird beschlossen, daß in den Gemeindsversammlungen nur der Schreiber eine Entschädigung erhalten solle.

1866 wird dem Präsidenten der Civilvorsteherschaft ein Wartgeld von . . . . Fr. 12.—
dem Gutsverwalter von . „ 12.—
dem Civilvorsteher von . „ 6.—

zuerkannt. Das Sitzungsgeld beträgt für jeden 1 Fr., das Taggeld bei Frohndienst 2 Fr.

Von 1868 an sind Besoldungen und Taggelder nicht mehr unterschieden, und erscheint als neuer Posten die Entschädigung für den Aktuar der Civilvorsteherschaft.

Unter dem Posten Armenwesen sind nebst Hauszinsen und andern Unterstützungen auch die sogen. Bettelfuhren und die Tischgelder für uneheliche Kinder zu rechnen. Letztere werden teilweise aus dem Bürgergut, teilweise aus dem Armengut bestritten. Von 1854 an fallen sie gemäß der Ausscheidungsurkunde ganz dem Armengute zur Last.

Die übrigen Ausgabeposten sind im 11., 12., 14. und 17. Kapitel ausführlicher behandelt.

Von außerordentlichen Ausgaben mögen hier erwähnt werden:

1829. Dem Herrn Vikar Hug für Erkenntlichkeit 100 fl.

1830. Bei Anlaß der Metzgverleihung — der Bürgerschaft und andern Gemeindskosten (?) werden 341 fl. 3 ß. ausgegeben, was vom Bezirksrat als ebenso unzulässig erklärt wird, wie die jährlich wiederkehrenden großen Ausgaben für „Nachtschulabletzeten", Schulexamen und Entschädigung der Beamten an den Jahresgemeinden.

1839. Dem Centralkomitee, dessen politisch-religiöse Agitation gegen den freisinnigen Theologen Strauß den sogen. Septemberputsch zur Folge hatte, 12 fl. 12 ß. (am 12. Juli).

1842. Den Advokaten, die bei der Ausscheidung von Bürger- und Gerechtigkeitsgut behülflich waren, 89 fl. 25 ß. Einer dieser Advokaten, Jonas Furrer, wurde später Präsident der Tagsatzung und des Bundesrates.

1842. Bei einer Hebammenwahl verrechnet der Wirt Trüb 88 fl. 8 ß. Dafür Rüge des Bezirksrates.

1886. Dem Männerchor Eintracht Gratifikation bei Anlaß des Sängerfestes in St. Gallen Fr. 80.

Das Ergebnis der Gemeindsrechnungen, namentlich die Feststellung des reinen Vermögens, ist nicht immer klar, da in den ältern Rechnungen für Liegenschaften und Mobiliar gar kein Geldwert angesetzt ist. Auch wechselt die Form der Rechnungsführung mehrmals und wird von den Aussetzungen der kontrollierenden Behörde nicht immer Notiz genommen. Wir können daher nur im allgemeinen nachweisen, daß in den Jahren 1820—1835, also vor der Ausscheidung des Bürger- und Gerechtigkeitsgutes das Reinvermögen schwankte zwischen Fr. 6,188.76—4,259.71, welch letztere Summe auf das letzte Jahr dieser Periode fiel. Von 1835—1889 dagegen beträgt das Maximum (1866) Fr. 38,098.02, das Minimum (1835) Fr. 26,485.14.

Wir sehen daraus, wie sehr die Ausscheidnng den Interessen des Bürgergutes entsprach, da es vor derselben seinen niedrigsten

Betrag erreicht hatte und nach derselben während 30 Jahren mehr anstieg als zurückging. Die mit 1867 beginnende Verminderung beruht hauptsächlich auf einem Rückgang der Einnahmen an Kapitalzinsen, beziehungsweise der Kapitalien selbst; denn in dieser Periode, nämlich 1867—1889, schwanken

die Einnahmen nur zwischen   Fr. 1,053.14—1,913.39
                                          (1889)   (1877)

die Ausgaben aber zwischen   Fr.   559.71—7,444.84
                                          (1888)   (1878)

Das Jahresmittel der Einnahmen beträgt Fr. 1,473.50
     „   „   „   Ausgaben   „   „ 2,274.32

Die Gemeindegüter von Dübendorf betrugen Ende 1850:

	Kirchengut	Armengut	Schulgut	Bürgergut
	fr.	fr.	fr.	fr.
Dübendorf . .	13,845.21	5,975.11	—	—
Dübendorf . .	—	—	8,341.13	15,762.34
Gfenn . . .	—	—	1,966.06	262.39
Gerniken . .	—	—	—	1,373.37
Berg . . .	—	—	—	835.24

1891 betrug

die Zahl der unterstützten Armen 64
Reinvermögen des Armengutes . . . . Fr. 24,108
Steuerkapital für Armensteuern . . . . „ 1,905,000
Zahl der steuerpflichtigen Haushaltungen und Bürger . . 849
Erhobene Steuern in den Jahren 1889—1891 . . . . 10 %
Gesamtbetrag der Armenausgaben . . . . Fr. 8,626
Überschuß der Armenausgaben nach Abzug der Rückerstattung,
    Bußen, Gebühren und des Ertrages des Armengutes   6,654
Staatsbeitrag pro 1891 1,835
Spezielle Beiträge an Erziehungskosten armer junger Leute   105

(Beil. z. Amtsbl. 1892.)

Vermögen und Einkommen. (R. B. d. R. R. für 1876. S. 201, 207, 211, 214.)

Für das Jahr 1876 bestimmte die Steuerkommission das Vermögen wie folgt:

		Durchschnitt	
In Dübendorf	Personen	des Bezirkes Uster	aller Bezirke des Kantons
Franken		Personen	Personen
100 – 500	33	49	61
600 – 1,000	63	48	72
1,100 – 2,000	66	50	74
2,100 – 5,000	106	72	106
5,100 – 20,000	93	68	123
20,100 – 50,000	16	15	38
50,100 – 100,000	3	4	14
	380		

Unter diesen 380 Personen besteht also die relative Mehrheit (106) aus denen, welche 2100–5000 Fr. versteuerten. Die gleiche Summe fällt auch in Volketsweil auf das Maximum (116) von Personen, während in Egg, Maur und Mönchaltorf die kleinsten Vermögen, in Fällanden, Greifensee und Uster diejenigen von Franken 5,100–20,000 am stärksten vertreten sind.

Ferner zeigt obige Zusammenstellung, daß in Dübendorf nur 112 Personen mehr, dagegen 162 Personen weniger als jenen Mittelbetrag von 2100–5000 Franken besitzen. Zieht man aus dem Maximum und Minimum jener Vermögensansätze das Mittel, so ergiebt sich ein Gesamtvermögen von Fr. 2,074,580, das unter 380 Personen gleichmäßig verteilt, für jede 5,459 Franken ausmachen würde.

Das Einkommen war 1876 geschätzt auf

In Dübendorf Franken	bei Personen	Durchschnitt des Bezirkes Uster Personen	Durchschnitt aller Bezirke des Kantons Personen
600	157	120	164
700	130	82	120
800	63	49	91
900	18	16	26
1000	9	20	56
1100	2	2,7	3
1200	7	8,7	26
1300	3	2	4
1400	4	2	5
1500	—	5	24
1600	1	1	4
1700	2	1	1
1800	—	2	6
1900	—	—	
2000	3	3	17
2300	1	0,1	—
2600	1	0,3	—
2900	1	0,1	
3000	1	1,5	10
3600.4000	1	1,2	6

Die kleinsten Einkommen sind in allen Gemeinden des Bezirks Uster, mit Ausnahme von Volketsweil, am zahlreichsten vertreten, das größte hingegen hat in Dübendorf nur 1 Person aufzuweisen und wird von 2 Personen in Greifensee, von 1 in Schwerzenbach und von 18 in Uster übertroffen.

Es betrugen die	der polit. Gemeinde 1885	1886	der Kirchgemeinde 1885	1886	d. Armengutsverwalt. 1885	1886
	Franken	Franken	Franken	Franken	Franken	Franken
Einnahmen	19,781	17,438	2,676	1,166	7,857	8,266
Ausgaben	16,499	18,190	2,545	1,581	8,326	8,889
Aktiven	9,375	9,436	44,446	12,131	22,403	22,980
Passiven	73,550	68,550	—	—	2,653	1,653
Stammgut	1,080	1,080	10,802	10,802	23,025	24,225

Über die Steuerverhältnisse der politischen Gemeinde giebt die vorstehende Tabelle Aufschluß, wobei zu bemerken, daß bis 1872 keine allgemeine Steuer erhoben, sondern nur von den Viehbesitzern ein Beitrag an den Unterhalt der Straßen geleistet wurde.

Seit 1879 erhielt jeder Aktivbürger die Budgetvorlage in Druck zugeschickt, um sich schon vor der betreffenden Gemeindsversammlung darüber zu unterrichten.

Die folgende Tabelle zeigt, daß seit 1879 die Zahl der Aktivbürger und der Haushaltungen sich vermehrt, das steuerbare Vermögen aber abgenommen hat. Auch die anderweitigen Einnahmsquellen zeigen eine Verminderung, die Ausgaben eine Vermehrung.

Unter den Gemeinden des Bezirks Uster war 1895 Dübendorf am schwersten mit Steuern belastet.

Budget der Gemeinde Dübendorf für die Jahre 1879–1897.

Jahr	Vermögen	Haushaltungen	Aktivbürger	Steuerkraft à 1°/₀₀	Einnahmen ohne die Steuern	Ausgaben	Erhob. Steuer 1872—1875 º/₀₀ 1876—1879 º/₀₀
1879	2,420,000	475 } Min.	575	3470	5,700	71,610	
1880	2,558,000 Mar.	475 }	578	3606 Mar.	5,840	75,840	5
1881	2,547,000	477	579	3603	11,450 Mar.	78,900	
1882	2,315,700	496	574	3385,7	8,115	72,950	4
1883	2,350,000	498	570	3418	3,075	69,830	
1884	2,350,000	498	570	3418	6,520	84,150	6
1885	2,220,000	495	570	3285	4,340	76,100	
1886	2,300,000	495	570	3365	730 Min.	73,180	
1887	2,201,000	495	560 Min.	3336	2,197	79,091	
1888	2,213,500	500	578	3291,5	1,532	65,430 Min.	5
1889	2,125,500	500	570	3195,5 Min.	2,450	66,819	
1890	2,115,500	500	565	3200,5	4,280	67,660	
1891	2,100,000 Min.	500	610	3210	3,330	66,750	
1892	2,300,000	500 } Mar.	610	3410	5,330	84,450 Mar.	
1893	2,300,000	500 }	610	3410	4,430	82,150	
1894	2,300,000	500	610 Mar.	3410	4,580	79,050	
1895	2,400,000	500	610	3510	6,480	79,150	
1896	2,400,000	500	610	3510	4,780	71,250	
1897	2,400,000	500	610	3510	4,780	74,510	

14. Kapitel.

Schulwesen.

Aus dem Jahr 1652 ist ein Verzeichnis derjenigen Kinder erhalten, die in die Schule gegangen sind mit Angabe dessen, was jedes im vergangenen Winter für Fragen im großen und kleinen Katechismus gelernt hat.

Es sind 87 Knaben und 58 Mädchen. Dazu kommen noch von Tagelswangen 1, und von Wangen 8 Knaben, die ebenfalls zur Kirche Dübendorf gehören.

Gez. Jakob Pfister, Schulmeister zu Dbf.

1662 berichtet das Ehegericht dem Bürgermeister zu Zürich, daß der Schulmeister Jakob Pfister zu Dbf, Vater von 6 kleinen Kindern, der noch seine Mutter und 7 ledige Schwestern zu erhalten hat, „mit etwas Lächsen und Sägnen umgange". Derselbe bekannte, daß er des Adlerwirths Sohn, der mit dem Bösen war, und des Kelnhofers Sohn zu Schwamendingen, mit starken Kindswehen behaftet, auf ihr Begehren gesegnet habe, wofür ihm jeder 2 fl. gab, sonst Niemand. Er wurde dafür in den Ötenbach gesetzt und sein Büchlein mit den bezüglichen Sprüchen konfiszirt. Zu seiner Vertheidigung dient dehmütige Abbitte, gute Zeugnisse vom Herrn Pfarrer und der ganzen Gemeinde. (Ist auch Vorsinger und macht zu einem Landtmann ein fyne gschrifft von allerley gattungen.) — und sein häuslicher Nothstand. Das Ehegericht will solche Greuel mit Ernst ausrotten, und setzt den Schulmeister nach einem zweiten Verhör nochmals in den Oetenbach, empfiehlt ihn aber der Gnade M. gnäd. Herren.

1771—1772.

Beantwortung der Fragen über den Schul-Unterricht. In Absicht auf die Schulen der Pfahr Dübendorff.

A. Äußere Einrichtung des Schulwesens.

a. Anzahl der Schulen und Schulkinder.

1. Schulen in der Gemeinde sind zwei: Die Hauptschule zu Dübendorf und eine Nebenschule im Gfenn.

2. Die Schülerzahl in Dübendorf beläuft sich auf 120, im Gfenn auf 30. Zu Dübendorf sind 56 Knaben, 64 Mägdlein, im Gfenn 14 Knaben, 16 Mägdlein.

3. Die Anzahl der die Schule besuchenden Kinder ist gar nicht den ganzen Winter gleich und die Ungleichheit richtet sich zum Theil nach den Gesundheitsumständen der Kinder, zum Theil aber und meistens nach dem Trieb und Eifer der Eltern; da wird häufiger Vorwand gebraucht und muß entweder Mangel an Kleidern oder von Seiten der entfernten Eltern und Kinder Mangel mitzugebender Nahrung und Speise, von Seiten gar vieler Eltern der Gebrauch ihrer Kinder zum Verdienst mit Spulen, Spinnen und dgl. Ursache sein, daß die Kinder bei Tagen und Wochen zurückbehalten werden.

4. Die Kinder auf entlegenen Höfen werden meist schlechtlich beschult.

5. Dienstkinder und Mennbuben sieht man nicht in der Schule.

b) Zeit, so auf die Schule verwendt wird.

1. Bis auf das 11. und 12. Jahr werden die Kinder insgemein zur Schule geschickt, sehr wenige länger. Im 5. Altersjahr fängt man an sie zu schicken. Der Willkür der Eltern wird es nicht überlassen, wann und wie lange sie ihre Kinder beschulen wollen, aber viele Eltern kehren sich an alle Vorstellungen nicht, ihre Kinder so lange der Schule zu überlassen, bis sie genug beschulet sind.

2. Hier zu Dübendorf hat es eine Sommerschule.

3. Im Gfenn wird allein der Samstag im Sommer der Schule gewidmet.

4. Die Sommerschule wird von 50—60 Kindern besucht, etwa halbsoviel als im Winter.

5. Ferien gibt es bei der Sommerschule im Heuet und in der Ernte, circa 3 Wochen in allem.

6. Die Winterschule dauert von Martini bis in den Mai hinaus und hat keine Ferien.

7. Die Mittel um saumselige Eltern anzuhalten, daß sie die Kinder zur Schule schicken, sind:

Expresse öffentliche Schulpredigten

Nachnahme durch die Schulmeister und Stillständer

Constitution vor Pfarrer und wo nöthig auch vor Stillstand.

c) Äußere Umstände des Schulmeisters in verschiedenen Absichten.

1. Die äußern Umstände und Besoldung des Schulmeisters zu Dübendorf sind so, daß er sich ganz der Schule widmen kann und es auch thut; er hat keine Begangenschaft noch Handwerk und nährt sich mit den seinigen neben dem was er als Schulmeister und Vorsinger zugleich bezieht, aus seinen Gütern, die ohne Nachtheil der Sommerschule von den Seinigen bearbeitet werden.

2. Die Besoldung des Schulmeisters im Gfenn ist bei 20—30 Kindern gering, daneben ist er Leineweber, doch ohne Schaden für die Schule.

3. Zu des Schulmeisters in Dübendorf Besoldung qua Schulmeister gibt die Obrigkeit 3 Mütt Frucht von großen Zehnden, die Gemeinde nichts als Holz, die Eltern welche den Schullohn bezahlen, wöchentlich vom Kind ½ Batzen. Qua Vorsinger bezieht der Schulmeister von der Gemeinde die Nutzung einer Wiese genannt der Thiergarten.

Der Schulmeister im Gfenn hat vom Almosenamt 1 Mütt Kernen und 2 fl. Geld, ferner den Zins von fl. 100 Legat von Hrn. Dr. Ott sel., daneben von den Eltern, die den Schullohn vermögen, wöchentlich ½ Batzen per Kind.

4. Der Schullohn für Kinder armer Eltern oder Waisen wird halb aus dem Almosenamt, halb aus dem Kornamt bezahlt.

5. Zu Dübendorf ist ein Schulhaus, in Gfenn hält der Schulmeister Schule in seinem eignen Haus ohne Hinderung von seiner Haushaltung.

d) Nachtschulen.

1. Die sind aus guten Gründen seit zwei Jahren abgestellt.
2. Die Lichter waren bezahlt aus dem Almosengut.

B. Innere Einrichtung des Schulwesens.

a) Vom Charakter des Schulmeisters.

1. Der Charakter beider Schulmeister dieser Pfarre ist moralisch gut, die Fähigkeiten aber zum Schulwesen sind ungleich: bei dem hiesigen Schulmeister zu Dübendorf merklich besser als bei dem im Gfenn, in Absicht wie auf Lesen, Schreiben, Rechnen, Singen und diesfällige Vortheile im Beibringen an die Schüler, so besonders in Absicht auf das Katechisiren der Kinder.

2. Durch Beschenkungen werden die Schulmeister dieser Pfarre nicht tentirt, parteiisch zu sein.

3. Die ganze Schulzeit über sind beide Schulmeister mit den Kindern beschäftigt und hat keine Nachsicht für eigne und Nebengeschäfte Platz.

4. Außer der Schule sind beide Schulmeister eines unanstößigen Wandels, lassen sich vom Pfarrer in ihren Schulverrichtungen führen und halten sich an die neulich ausgegebene Anleitung für Landschulmeister, konferiren zum Beweis von Zeit zu Zeit mit dem Pfarrer über das Schulwesen und zeigt sich nun mehr Profectus nach der neuen Ordnung als ehedem.

5. Recht gesinnte Eltern erkennen die Arbeit der Schulmeister, und von den Kindern werden sie geehrt und geliebt.

b) Eigentliche Schulverrichtungen.

1. Seit Einführung der gedruckten Anleitung für Landschulmeister wissen die Kinder genau, wann die Schule anfängt und was sie jetzt lernen müssen. Sie sind in 5 Klassen eingeteilt nach den verschiedenen Fähigkeiten und Profectibus, und jede Klasse hat ihr bestimmtes Pensum.

2. Die Lehrstunden in der Schule sind nach dem Plan ordentlich eingeteilt, und an den Bettagen vorans wird der Plan in der Anleitung für Schulmeister mit Nutzen befolgt; alle Kinder sind die ganze Schulzeit über beschäftigt und an den Bettagen werden sonderlich die ältern geübt im Eraminieren und Recitieren des auswendig gelernten, die noch weniger fähigen müssen lediglich attendieren.

3. Jedes Kind, das beschult werden soll, muß hier zu Dübendorf wo Sommerschule ist, mit dieser anfangen, weil im Sommer wegen geringer Schülerzahl der Schulmeister besser Zeit hat, mit den abcdariis umzugehen. Ist dann ein Kind den Sommer durch fleißig und gelehrig und geht es auch im folgenden Winter ununterbrochen zur Schule, so kommt es innert Jahresfrist aus der 1. Klasse der Buchstabierenden in die 2. Klasse der anfänglich Lesenden. Hiefür ist die bei Ziegler gedruckte Anleitung in den Schulen unseres Kapitels eingeführt.

4. Allerdings werden die Kinder angehalten, richtig zu buchstabieren, zu lesen und auszusprechen.

5. Für die 1. Klasse wird nach dem Spiel a b c das Namenbüchli und Lehrmeister, für die 2. Klasse Zeugnussen, Psalter und Psalmenbuch und für die 3. Klasse Testament und Bibel, an Bettagen das Bischoffzellische Schulbüchlein, Müllers Biblische Geschichten und Osterw. Testament mit Betrachtungen gebraucht, auch werden geschriebene Sachen zu lesen gegeben.

6. Von geschriebenen Sachen bekommen sie geschriebene Predigten von allerlei Händen zu lesen, bringen auch selbst etwa alte Kaufschuldbriefe ec. mit; alle werden möglichst angehalten, Geschriebenes lesen zu lernen.

7. Auswendig lernen sie den großen und kleinen Lehrmeister, ausgewählte Lehr-, Bet-, Buß- und Lobpsalmen, ausgewählte Gebete aus Wyßen Betbüchli und dem Bischofzeller- und Lavaterischen Betbüchli, desgleichen einige von den faßlichsten Liedern aus Gellert, Lavater und andern und zu Anfang jeder Woche und täglich in der Woche wird ihnen vom Schulmeister ein vom Pfarrer vorgeschriebener, kernhafter Spruch der Heiligen Schrift vorgesprochen und

am Samstag die Rezitation davon eingefordert mit Anzeige, was für eine Wahrheit oder Lebenspflicht derselbe enthalte.

8. Bei dem Auswendiglernen werden die Lektionen nach den ungleichen Fähigkeiten aufgegeben.

9. Das Auswendiggelernte mit Verstand herzusagen dazu sucht man so viel möglich die Kinder anzuhalten und ihnen das Herabschnapplen alles Fleißes abzugewöhnen; es wird aber nur zu oft daheim von den Eltern die Mühe des Schulmeisters wieder zernichtet.

10. Daß das Auswendiggelernte nicht ohne Nachdenken bei den meisten über die Lippen herablaufe und die öftere Wiederholung nicht ekelhaft und verdrießlich werde, ist nicht zu vermeiden, und wie es könnte vermieden werden, wurde bisher vergeblich tentiert.

11. Daß einem Kind an dem Lernen ekle, ist Probe, wenn es sich aus der Schule gern verschlägt und in der Schule stets muß getrieben und zum Fleiß und Aufmerksamkeit gemahnt werden, auch lieber allezeit aliena treibt.

12. Leibesübungen und kindischer Zeitvertreib gefallen, wie man erfährt, den Kindern am meisten, dagegen ekelt bald dem größten Teil vor gottesdienstlichen Übungen und vor solchen Übungen, die man mit ihnen zur Aufklärung ihres Verstandes und Bildung ihres Herzens vornimmt, kurz was ernsthaft ist, steht der flüchtigen Jugend meistens nicht an.

13. Mit dem Schreiben fängt man erst an, wenn ein Kind gedrucktes fertig lesen kann.

14. Die wenigsten Knaben und Töchter lernen auch schreiben, und es ist bisher der Willkür der Eltern überlassen worden.

15. Auf die Auszierung der Buchstaben und Frakturschrift sind die Schreiber allerdings gestellt.

16. Auf die Orthographie wird sowohl als auf die Kalligraphie achtgegeben, fehlt aber den Schulmeistern selbst noch eine vollkommene Rechtschreibung.

17. Vorschriften werden den Schulmeistern nicht mehr ganz in ihre Willkür gestellt, sondern vom Pfarrer geordnet und bestimmt, die dann teils aus biblischen Sprüchen und moralischen Sentenzen,

teils Mustern von Obligationen und andern ins gemeine Leben dienenden Dingen bestehen.

18. Alle Nachmittag werden die 2 Stunden zum Schreiben verwendet, in der ersten zieht der Schulmeister den Anfängern die Hand, in der andern schreiben die, so die Anfänge gelegt, nach Vorschriften.

19. Nach der gemachten Einteilung der Klassen und Pensorum wird kein Kind aus einer Klasse in die andere befördert, bis es das, was jeder Klasse assigniert ist, recht prästiert hat, dadurch wird Nacheiferung bewirkt.

20. Im Rechnen werden die, so Lust dazu haben, in Nebenstunden unterwiesen.

21. Die wenigen, nur zu wenigen Bauernknaben, die rechnen lernen werden in allen 4 Speciebus informiert.

22. Den Fleißigen und Fähigen wird nach Maßgabe ihres Fleißes und ihrer Fähigkeit die Arbeit zugeteilt, so daß sie zuletzt im ganzen auch mehr lernen als die übrigen.

23. Wo keine Sommerschule ist wie im Gfenn und wo die Sommerschule nicht fleißig besucht wird, braucht es einen guten Teil der Zeit von der Winterschule, bei 3—4 und mehr Wochen, um das im Sommer vergessene wieder einzubringen.

24. Im Gfenn, wo keine Sommerschule ist, wird ein Kind bei ununterbrochenem Schulbesuch im ersten Winter zum Kennen der Buchstaben und Buchstabieren einsilbiger Wörter, im 2. Winter zum Buchstabieren im Lehrmeister, im 3. zum Lesen in der Zeugnuß und im 4. zum Lesen im Testament gebracht.

25. Zu Dübendorf, da Sommerschule ist, mag ein Kind von mittlerer Fähigkeit vom 5.—12. Jahre alles das erlernen, was man in der Schule nach bisheriger Übung lernen soll, Lesen, Schreiben, Katechismus, die fürnehmsten Psalmen und die nötigsten Gebete; im Gfenn, da nur Winterschule ist, braucht es 2 Jahre mehr.

26. Daß die Eltern die Kinder zu Hause auch unterrichten oder doch Aufsicht auf ihr Lernen geben, wird wenig bemerkt.

27. Sehr wenige Eltern fragen auch dem Verhalten ihrer Kinder bei dem Schulmeister nach.

28. In der Musik werden die Kinder auch unterrichtet und geübt und dazu außer dem Sonntag Abend 4 Stunden in der Woche aufgewendet mit dem Erfolg, daß so der Gesang in der Kirche gefördert wird; es zeigen sich auch viele Kinder, die Lust und Fähigkeit zur Musik haben; nur ist hiezu eine gedruckte gute Anleitung zu wünschen.

29. Was zu veranstalten sei, um das Erlernte nicht wieder zu vergessen, dafür habe ich bis jetzt nichts Passendes entdecken können und wäre wohl begierig, schickliche Einschläge zu vernehmen.

30. Daß auch diejenigen Kinder, die ihren Schulkurs zu Ende gebracht, noch weiter die Schule zu gewissen Zeiten besuchen, dazu sind die sogeheißenen Bettage nach der neuen Anleitung für Landschulmeister anzusehen und ist bei zunehmender Zahl und Beihülfe der Eltern zu hoffen, die Kinder wenigstens auf diese Art im Erlernten zu unterhalten und auch immer weiter zu bringen.

c) Die Schulzucht.

Für die dießfalls vorgelegte 5. Frage muß ich die allgemeine Antwort ertheilen, daß es mit der Schulzucht bisher nicht so ergangen ist, wie es hätte sollen, indessen nun bei Befolgung der Anleitung für Landschulmeister bereits Besserung verspürt wird und hoffentlich je länger je mehr zu ersehen sein wird.

d) Schulbesuch und Examina.

1. Bei Besuch der Schulen läßt sich der Pfarrer angelegen sein, von Zeit zu Zeit in Absicht auf den Schulmeister wie die Schulkinder, solche Beobachtungen und Erfahrungen zu machen, die dazu dienen, immer mehr nötige Verbesserungen vorzukehren; auch gibt es Anlaß, den Eifer des Schulmeisters und der Kinder zu vermehren durch dienlich findende Erinnerungen nicht ohne Erfolg.

2. Jährlich 1 Mal im Frühling wird das Examen gehalten.

3. 4—5 Stunden werden auf ein solches Examen verwendet.

4. Das Examen wird so eingerichtet, daß die Kinder nach den Klassen examinirt werden und jedes Kind nach seinen muthmaßlichen

Leistungen geprüft wird, im Lesen und Auswendiglernen innert Jahresfrist. Am Ende wird eine Erinnerung an sämtliche Schulkinder, wie es die Umstände erfordern, beigefügt.

5. Sämtliche Vorgesetzte sind bei dem Examen gegenwärtig, aber meist nur als Zuhörer und überlassen alles gern dem Pfarrer.

6. Probschriften werden eingegeben und dabei auf die Orthographie und Calligraphie gesehen.

7. Vom Austheilen der Prämien weiß man hier nichts, ist auch bisher nicht dienlich befunden worden um vieler Bedenklichkeiten wegen.

8. Der Bücher, so der Pfarrer hier bekommt, sind nach Proportion der Schulen und der vielen armen Schulkinder sehr wenig: 2 Testamente, 2 Psalmenbücher, 2 Psalter, 2 Betbücher, 12 Lehrmeister, 18 Namenbüchlein und 6 Festbüchlein sollen unter arme Schulkinder in 2 Schulen, von denen die eine 100—120, die andre 20—30 meist arme Kinder faßt, ausgeteilt werden. Da weiß man sich fast nicht zu helfen; ein merklicher Zuschuß muß dazu gethan werden aus dem Almosengut, und dann werden sie nach und nach im Pfarrhause den ärmsten und fleißigsten gegeben werden.

e) Nachtschulen.

Die sind aus guten Gründen wie oben gemeldet, aufgehoben.

C. Über den Nutzen des Schulunterrichtes und den Schaden des Versäumnisses.

1. Alle diejenigen Schulkinder, die fleißig und lange genug zur Schule gehalten werden, und deren Eltern Fähigkeit und Lust haben, der Arbeit des Schulmeisters bei Hause nachzuhelfen, bringen es zu einer wirklichen Fertigkeit im Lesen und Schreiben.

2. Kinder von außerordentlicher Fähigkeit des Verstands zeigen sich meines Wissens hier keine.

3. Die Anzahl der Geschickten gegen die Ungeschickten und der Fleißigen gegen die Unfleißigen mag sich verhalten wie 2:1, deren aber die sich sittlich und unklagbar aufführen, gegen die schlechten und unsittlichen wie 1:2.

4. Ein allgemein herrschender Fehler bei den Schulkindern ist Flüchtigkeit und Leichtsinn, eine allgemein herrschende gute Eigenschaft aber Liebe und Zutrauen zu dem Lehrer und Schulmeistern.

5. Zwischen denen, die fleißig und lange zur Schule gegangen und denen, die hierin vernachläßigt worden, verspürt man den Unterschied merklich in Absicht auf die Lehre wie auf die Sitten.

6. Nach der diesmaligen Einrichtung hat die hiesige große Schule zu Dübendorf in Absicht auf den Unterricht keinen Nachteil und die kleinere Schule im Gfenn keinen beträchtlichen Vorteil, ja die Kinder hiesiger Schule zu Dübendorf werden wegen mehrerer Fähigkeit des Schulmeisters noch mehr gefördert als die Kinder im Gfenn.

7. Bei diesmaliger Einrichtung hindert die Menge auch nicht, daß der hiesige Schulmeister nicht an alle sollte kommen können.

8. Der Nutzen der Sommerschulen ist allerdings so merklich, daß mit Grund zu wünschen, es möchten aller Orten Sommerschulen eingeführt werden.

9. Nutzen von den Nachtschulen habe ich sehr wenig verspürt, hingegen viel Schaden und Unordnung.

10. Durch das in der Schule Erlernte möchten wol Kinder in Stand kommen, ihre Bauernökonomie besser zu besorgen, allein hier ist man durchgehends nicht ökonomisch gesinnt und sehen Kinder an ihren Eltern schlechtes Exempel, daher der Beispiele von ökonomisch handelnden Kindern eben wenig zu sehen.

11. Auf das Schulwesen hat die gegenwärtige Teuerung den Einfluß, daß die Zahl der Kinder, die obrigkeitlich beschult werden müssen, immer anwächst, und auf die Erziehung überhaupt hat es den Einfluß, daß, da viele Eltern ihren Kindern das Benöthigte nicht zu verschaffen vermögen, sie selbige im Bettel herum ziehen lassen und selbst mit ihnen dem Müßiggang und Bettel sich ergeben.

1780.

Die Pfarr Dübendorf hat 2 Schulen.

Die Hauptschule zu Dübendorf faßt in sich nebst den Kindern von Dübendorf auch die Kinder von 7 Nebenorten. Sommer und

Winter wird sie gehalten, nur im Heuet und in der Ernte unterbrochen. Zu Winterszeit steigt die Anzahl der täglichen Schulkinder auf 100—110, Sommerszeit 50—60.

Die Besoldung hiesigen Schulmeisters ist:

5 Mütt Kernen des löbl. Kornamts großer Zehnden, von jedem Kind, dessen Eltern den Schullohn bezahlen, wöchentlich ein halber Batzen.

Für die armen Kinder, deren weit die mehreren, zahlt teils das Almosen-, teils das Kornamt den Schullohn, das Almosenamt per Kind 1 Schilling wöchentlich, das Kornamt ½ Batzen. Holz zur Schule liefert die Gemeinde, aber der Schulmeister muß es in seinen eignen großen Kosten aufmachen und zuführen lassen.

NB. Für die Repetirschule bezieht er nur, was ihm einige Eltern gutwillig geben, das bei der vielen Mühe sehr wenig ist, deswegen er wie auch sonst seiner geringen Besoldung halber zur Verbesserung angelegentlich empfohlen wird.

Eine Schule hat die hiesige Pfarre noch in Gfenn aus 26—30 Kindern bestehend, sie wird aber nur Winterszeit gehalten, im Sommer wöchentlich 1 Tag.

Des Schulmeisters Besoldung ist:

4 fl. Jahreszins von 100 fl. Legat Hrn Dr. Ott sel., 1 Mütt Kernen und 2 ß. Geld aus dem Almosenamt.

Von den Kindern jede Woche ½ Batzen, wo es die Eltern zu zahlen vermögen. Für die armen Kinder wird er wie der Schulmeister zu Dübendorf halb vom Almosenamt und halb vom Kornamt bezahlt.

Im Original ist dieses Aktenstück nicht von der gleichen Handschrift wie das vorhergehende, doch fallen beide in die Amtsdauer des Pfarrer Geßner, der sich auch anderweitig um die Schule verdient macht. Auf seine Veranlassung wird nämlich 1776 den Vorgesetzten, welche dem Examen beiwohnen müssen, eine Belohnung von 1 ß. Geldes zugesprochen, woran das Gemeindegut so lange und bis es sich vermehren wird, nur die Hälfte gibt; die andere Hälfte hat Herr Pfarrer Geßner zu bezahlen übernommen. Urth. Protok: 7. Juni 1776.

1794—1795.

Dübendorf.

1. Schulmeister des Orts bezieht als Vorsinger an
   Kernen . . . . 3 Mütt
   als Schulmeister hat er die Nutzung einer Wiese . 2—3 Fuder Heu
   an wöchentlichen Schullohn über den Winter aus
   dem Korn- und Almosenamt und von einigen
   Eltern . . . . 70—80 fl.
   für die Repetirschule . . . . 8—10 fl.
   für die Nachtschule . . . . 3—4 fl.
   für die Sommerschule . . . . 40—50 fl.

Dann hat er noch zur Heizung der Schule 1 Klafter Holz wie jede andere Dorfgerechtigkeit, nur daß er es in seinen eigenen Kosten muß fällen und heimbringen lassen.

NB. Die große Anzahl der Schüler erfordert im Sommer und Winter einen Adjunctum des Schulmeisters.

2. Schulmeister in Gfenn hat aus dem Almosenamt an
   Kernen . . . . 1 Mütt
   den jährlichen Zins von einen Legat . . . . . 3 fl.
   von der Winterschule aus dem Korn- und Almosenamt und etlichen wenigen Eltern . . . . . 12—15 fl.
   für die Repetirschule . . . . 2—3 fl. 20 ß
   für die Nachtschule aus dem Steuergut seit 2 Jahren 1 fl. 10 ß
   für die Sommerrepetirschule . . . . 5—6 fl.

Das erste Schulhaus in Dübendorf verbrannte im Jahr 1690, wodurch der folgende Ratsbeschluß veranlaßt wurde:

1695. An den vorhabenden Schulhausbau zu Dübendorf haben M. Gn. Hrn. sich erkennt: hieran von Ihren Lehengütern den abgerodeten Platz, die nötige Ziegel und 100 fl. an Geld aus dem Obmannamt darzuschießen.

1735 wurde wieder ein Neubau nötig. Dieser ging am 15. September 1799, von österreichischen Soldaten als Wachtlokal benützt, in Flammen auf.

Über die damalige Wiederherstellung liegen keine Akten vor, erst

1812 ist das (Schul- und) Gemeindehaus im Brandaffekuranzlagerbuch erwähnt, dann folgt ein Bericht des

Kirchenprotokolls
über Verbesserung und Vergrößerung des Schulgebäudes.

Da im Jahr 1830 das eine Schulzimmer nicht mehr für 300 Schüler genügte, wurde ein Umbau des Schulhauses und Errichtung einer zweiten Lehrstelle beschlossen, und vom Erziehungsrat ein Beitrag an die Kosten erbeten. Die Behörde verlangte dafür, daß der künftige Oberlehrer bei dem französischen Pfarrer Wirz und bei Lehrer Meyer in Enge einen Unterrichts- und Bildungskurs nehme.

Hiezu meldete sich einzig der zweite Sohn des bisherigen Kreislehrers Kaspar Pfister, Joh. Heinrich, der dann nach gut bestandener Prüfung durch den Schulinspektor in Gegenwart der Gemeindsbehörden, am 16. Oktober an die obere Lehrstelle gewählt wurde.

Das Einkommen der beiden Lehrer wurde bestimmt wie folgt: Der Beitrag von 112 fl. aus dem Kornamt und 68 fl. 30 ß aus dem Almosenamt soll durch den Schulpfleger eingezogen und davon für jedes bedürftige Kind 2 ß verwendet werden. Ein allfälliger Vorschuß von den bezogenen Schullöhnen soll in einen Schulfond kommen. Der ältere Lehrer erhält 300 fl. samt Benützung des Tiergartens, der jüngere, obere Lehrer 200 fl. Die 5 Mütt Kernen aus dem Kornamt für den Vorsingerdienst werden unter beide geteilt. Der Sigristendienst wird den Lehrern abgenommen und mit seinem unbedeutenden Ertrag auf 3 Jahre an Heinrich Meier vergeben.

Der Schulfond soll auch zur Anschaffung von Lehrmitteln für diejenigen Schüler dienen, deren Eltern ihnen solche nicht aus eigenen Mitteln anschaffen.

Zur Äufnung des Fonds wurde in der Kirche eine Steuer erhoben, die trotz der revolutionären Zeit 55 fl. eintrug, und bestimmt, daß jedes Brautpaar vor der Verkündung einen Neuthaler daran geben sollte.

Bei diesem Anlasse wurde (1851) der bisherige Anteil des Schulgutes an der Gerechtigkeit um 1200 fl. abgelöst, womit auch die Beiträge der Civilgemeinde Berg an die Schule dahin fielen.

Die Kosten des Schulhausbaues beliefen sich auf 3107 fl. 24 ß. woran der Staat 240 fl. beitrug. Um die auswärtigen Bürger zur Bezahlung anzuhalten, wurde dem Gemeindspräsidenten Prozeßvollmacht erteilt.

Einweihung der Schule. Die gesamte Schuljugend[1]) zog am 2. Dezember, von den Lehrern und Vorstehern begleitet, unter Glockengeläute vom Schulhause in die Kirche, wo nach Gesang und Gebet der Pfarrer an die Kinder und Eltern, Lehrer und Beamten eine passende Ansprache hielt und auch den Beitrag von 150 fl. ab Seiten des Erziehungsrates erwähnte. Nach einer weitern Rede des Herrn Vikar Spündli und dem Vortrag eines Dankliedes durch einen Schüler wurde die kirchliche Feier mit Gesang beendet, und man zog ins Schulhaus, wo nochmals Gesänge, Gebete und Reden vorgetragen wurden. Dann erhielt jedes Schulkind ein schönes rundes Weggli zum Abschied, und die Erwachsenen gingen ins Wirtshaus zu einem bescheidenen Mittagessen, das jeder aus seinem Sack bezahlte.

Nach den Gemeindsrechnungen zu schließen, wurde in der Verwaltung des Schulwesens während der Jahre 1820—1835 nicht immer der Hauptzweck vorangestellt.

Während nämlich in dieser ganzen Zeit kaum 110 Fr. (95 fl. 15 ß) für Lehrmittel, nämlich Tafeln, Griffel, Schwämme und Tabellen von der Gemeinde verausgabt wurden, bezahlte dieselbe die Hälfte der genannten Summe allein für Reparaturen an den Schulfenstern und Erneuerung der dazu gehörigen „Hälsig".

Für Kerzen in die Nachtgesangsschule kommen jährlich 28 Fr. in Rechnung; 1831 wird diese Summe durch Einführung von Öllampen um mehr als die Hälfte reduzirt.

Der jährliche Aufwand von 12—52 fl. für „Abletzeten" der Nachtschule stieß bei der Oberbehörde auf Widerstand. Die Antwort lautet (1825):

Weilen selbiges von der ganzen Bürgerschaft angenommen und bestäthiget, und weil das in dieser Rechnung enthaltene Vermögen

---

[1]) 380 Köpfe.

weitaus der größte Theil aus Gerechtigkeits- oder Eigenthums-Guth
bestehet — So trägt also die Bürgerschaft kein Bedenken, mit ihrem
Eigenthum, diese schon seit undenklichen Zeiten, der Jugend zuge-
gebene Freude, weiters fortzusetzen.

Mit dem Jahr 1850 hörte sowohl diese Ablegeten als die
ebenfalls zu teuer befundene Bewirtung der Beamten beim Schulexamen auf.

Die gesamten Schulausgaben der Civilgemeinde, soweit sie deutlich nachweisbar sind, beliefen sich von 1820—1833 auf 885 fl. 12 ß.
oder jährlich 75 fl. 12 ß. — Fr. 85.16.

Bis 1860 dienten die zwei Lehrzimmer im alten Schulhaus noch
sämtlichen Primarschülern der Gemeinde mit Ausnahme von Gfenn
und Hermikon.

1861 bildeten Weil, Schloß, Gehren und Gothausen eine besondere Schulgenossenschaft mit einem neu erbauten Schulhause in
Fällmen, wo bis 1889 Melchior Hauser von Fällanden als Lehrer
wirkte, seit 1890 Rudolf Hardmeier von Küsnacht geb. 1859.

Gleichwohl erforderte die zunehmende Arbeiterbevölkerung im
Neugut auch für den Rest der Gemeinde einen Neubau von drei
Lehrzimmern mit ebensoviel Lehrerwohnungen, der im Herbst 1866
vollendet und feierlich eingeweiht wurde. Die Bausumme von 65,000
Franken hatte man durch eine außerordentliche Steuer im wechselnden
Betrage 2—5‰ aufgebracht und binnen zehn Jahren abgetragen.
Im ganzen betrug der Anteil jedes Steuerpflichtigen ca. 5‰ oder
jährlich 50 Centimes vom Tausend seines Vermögens.

Für die laufenden Bedürfnisse betrug die Schulsteuer der Schulgemeinde Dübendorf

Jahr	‰
1862—1864	1
1865—1866 je	0,5
1867	1
1868	—
1869	1

Jahr	‰
1870	0,5
1871 — 1872 je	1
1873	—
1874 — 1885 je	2
1886 — 1890 je	1,50
1891	2
1892 — 1894 je	1,50
1895	2
1896	1,50
1897	1,50

Den Unterricht an der Primarschule erteilten während mehr als 40 Jahren die Brüder Pfister, aus Dübendorf gebürtig.

Nach deren Tode unterlag die Besetzung der betreffenden Lehrstellen einem häufigen Wechsel. Teils wurden die fremden Lehrer weniger nachsichtig beurteilt als ihre einheimischen Vorgänger, teils machten sie höhere Ansprüche, für die sie anderwärts Befriedigung fanden. Die Probe mit weiblichen Lehrkräften ergab bald, daß man wegen eventueller Verheiratung nicht unbedingt auf sie zählen könne. Die allgemein üblichen Besoldungszulagen wurden, wenn auch nur mit schwachem Mehr, zu wiederholten Malen erfolgreich bekämpft, im Jahre 1890 aber sowohl im Weil als im Unterdorf eingeführt und an letzterem Orte 1894 auf 700 Fr. erhöht.

Seit 1896 wirken an der Primarschule zu Dübendorf Fräulein Emma Wirz von Uster, geboren 1858, und die Herren Jakob Angst von Wyl bei Rafz, geboren 1865, und Heinrich Amstein von Wyla, geboren 1861.

Um außer dem Unterricht noch für das Wohl der Schuljugend zu sorgen, wurde seit 1895 während des Winters den entfernt wohnenden Kindern über Mittag von der Lehrerschaft eine Suppe verabreicht, und von der Schulpflege auf Grund eines Legates die Errichtung von Schulsparkassen beschlossen.

Am 15. Juli 1890 fand ein Jugendfest statt, bestehend in einem kostümirten Festzug der gesamten Schuljugend, worauf eine Ansprache und Erfrischung der Schüler folgte. Nach gymnastischen und gesanglichen Produktionen bildete ein gemeinsames Abendessen den Schluß der Feier.

Das wohlthätige Institut der Schulsparkassen fand auch in der Schulgemeinde Dübendorf Eingang und ergab nach den ersten zwei Jahren folgenden Bestand:

Einlagen samt Zins per 1. Dez. 1897

Dübendorf I. Abtlg. im Sparheft des Lehrers . 981 Fr. 84 Rp.
            in den Schülerheften . . . . . 979 „ 82 „
                           Zinsüberschuß 2 Fr. 2 Rp.

„ II. Abtlg. . . . . 1167 Fr. 31 Rp.
                               1164 „ 69 „
                               2 Fr. 62 Rp.

„ III. Abtlg. . . . . 916 Fr. 22 Rp.
                               913 „ 98 „
                               2 Fr. 24 Rp.

Weil-Berg . . . . 1111 Fr. 43 Rp.
                               1108 „ 74 „
                               2 Fr. 69 Rp.

Gfenn-Hermikon . . . . 761 Fr. 97 Rp.
                               759 „ 33 „
                               2 Fr. 64 Rp.

Die Zinsüberschüsse entstehen dadurch, daß für Einlagen der Schüler unter einem Franken im Einlegejahr kein Zins berechnet wird; dieselben werden zusammengelegt zur Bestreitung von Neubeschaffungen.

Im April 1898 beschloß die Schulgemeinde, in allen drei Lehrzimmern Parkettböden aus buchenen Riemen zu erstellen.

Zugleich wurden für eine Schülerreise der 3 obern Primarschulklassen und für die Mädchenfortbildungsschule Beiträge bewilligt.

Die Sekundarschule wurde 1857 errichtet und umfaßte anfänglich die Gemeinden Dübendorf, Wangen, Volketsweil, Greifensee,

Schwerzenbach und Fällanden. In Ermangelung eines eignen Gebäudes wechselte sie ihren Sitz zu wiederholten Malen, bis im Jahr 1863 die Civilvorsteherschaft von Dübendorf eine Subskription unter gemeinnützigen Männern veranstaltete, wodurch es den Schulgemeinden möglich wurde, für das Lokal der Sekundarschule inklusive Beheizung, Reinigung und Turnplatz einzustehen.

1863 brachte die Gemeindschulpflege eine weitere Summe von Fr. 4618.50 an freiwilligen Beiträgen zusammen, und die Civilgemeinde erbot sich, diesen Betrag aus dem Vorschlag der Civilgemeindsrechnung auf Fr. 5000 zu ergänzen, damit die Civilgemeinde Schulort werde.

Als 1866 die Primarschule einen Neubau bezog, wurde das obere Zimmer des alten Schulhauses an die Sekundarschule abgetreten und der vorliegende freie Platz als Turnplatz eingerichtet.

Von 1874 an erteilte Pfarrer Wirz Unterricht in der englischen Sprache. In demselben Jahre bildete Volketsweil einen Sekundarschulkreis für sich, und 1875 trat Greifensee zum Kreise Uster über.

Nach einer Wirksamkeit von 45 Jahren zog Hr. Heinrich Nußbaumer sich von seiner Lehrstelle zurück und wurde durch Herrn Friedrich Bühler ersetzt, der schon 1885 nach Basel abging und an Herrn Friedrich Meister seinen Nachfolger fand. Als die wachsende Schülerzahl 1894 die Anstellung eines zweiten Lehrers erforderte, wurde Herr Heinrich Randegger von Ossingen zum Verweser ernannt und 1896 definitiv gewählt.

1893 mußte auch ein neues Schulhaus erstellt werden im Voranschlag von 55,000 Fr., wofür als erste Rate 1895 eine Steuer von Fr. 1.50 per Faktor erhoben wurde.

Am 12. Juli 1896 fand beim herrlichsten Wetter die Einweihung des neuen Sekundarschulhauses statt. Um 1 Uhr versammelten sich die Festteilnehmer (Behörden, Vereine, Schüler, sowie die Abgeordneten aus den Gemeinden Schwerzenbach, Wangen und Fällanden, die zum Sekundarschulkreis Dübendorf gehören) in der Sängerfesthütte. Der Präsident der Baukommission begrüßte die

Anwesenden, worauf sich der Festzug durchs Dorf zum neuen Sekundarschulhaus bewegte. Derselbe litt sichtlich unter den furchtbaren Verheerungen des Gewitters vom Samstagabend.[1]) Beim neuen Sekundarschulhaus vollzog der Präsident der Sekundarschulpflege, Hr. Pfr. Frei von Schwerzenbach, den Weiheakt. Nachdem noch Hr. Lehrer Frey, als Abgeordneter von Uster, eine kernige Ansprache gehalten, wechselten Gesangsvorträge der Schüler und der Vereine. Hierauf zurück in die Festhütte, allwo das gut eingeübte Festspiel „Pestalozzi's Armenschule auf Neuhof" über die „Bretter" ging. Hieran schloß sich ein Bankett, das zu aller Zufriedenheit ausfiel und dem Festwirt, Hrn. Augst von Bassersdorf, alle Ehre machte. Zwischen hinein gab's Gesangsvorträge und turnische Produktionen der Schüler. Besonders gefielen die gut eingeschulten Reigen der Sekundarschülerinnen unter der Leitung des Hrn. Sek.-Lehrer Meister. Rühmend erwähnt seien auch die guten Vorträge der Festmusik Alpenrösli Uster.

Das frühere Sekundarschulhaus ging im Jahre 1897 durch Kauf in Privatbesitz über.

Die Gründung einer Fortbildungsschule wurde schon ums Jahr 1861 angeregt, kam aber erst 1875 zunächst durch freiwillige Beiträge von Privaten zu stande. Sie begann mit einem Lehrer und 20 Schülern. Im Laufe der folgenden Jahre wurde die Zahl der Lehrer auf 2 erhöht, die der Schüler schwankte zwischen 15—27.

Es wurden in 4—6 wöchentlichen Stunden, wovon 2 auf den Sonntag Morgen, die übrigen auf Werktagabende fielen, deutsche Sprache, Rechnen, Zeichnen und Feldmessen geübt.

Die Civilgemeinde gab 1877 einen Beitrag von 200, 1879 einen solchen von 100 Fr.

1891 dauerte der Kurs 5 Monate, die Schülerzahl betrug bei Beginn 18, bei Schluß 16. Über 16 Jahre alt waren 16 Schüler. Stundenzahl im Sommer 0, im Winter 6 wöchentlich. Fächer: Deutsch, Rechnen und Geometrie, Feldmessen, Zeichnen, Vaterlandskunde. Lehrerzahl 2.

[1]) Vgl. S. 19 und 130.

Eine Arbeitschule für Mädchen wurde schon 1855 gegründet.
1877 bestand eine Kleinkinderschule, Fröbelscher Kindergarten mit 1 Lehrerin und 50 Schülern, ging aber nach kurzer Zeit wieder ein.

Sie wurde teilweise ersetzt durch die von verschiedenen Religionsgenossenschaften eingeführten Sonntagschulen, deren Unterricht ausschließlich religiöse Zwecke verfolgt.

Schule im Gfenn.

Die Schule im Gfenn wurde lange Zeit in elenden gemieteten Stuben gehalten. Als die wachsende Schülerzahl ein eignes Lokal erforderte, bemühte sich Hermikon auf Anregung des Stillständers und Waisenrichters Kuppert besonders dafür, während im Gfenn noch Widerstand geleistet wurde, bis der Erziehungsrat und Oberamtmann einen Neubau befahlen.

Derselbe erstand unter Leitung des genannten Kuppert im Jahre 1824 um die Summe von 1000 fl., woran der Erziehungsrat 150 fl. gab.

Die Einweihung am 25. November wurde durch Gebet und eine Ansprache des Pfarrers eröffnet, dann folgten Gesänge, und endlich erhielten die meisten Schüler vom Pfarrer zum Andenken Bibeln oder andere Erbauungs- und Schulbücher, worauf alles froh und dankbar auseinander ging.

Als Lehrer wirkte zuerst Jakob Pfister, dann während mehr als 50 Jahren Jakob Hotz von Hausen, der 1889 starb. 1891 wurde Hermann Haug von Dübendorf, geb. 1869, gewählt.

Rechnungsübersicht der Schulgemeinden in Dübendorf in den Jahren 1885 und 1886.

	Dübendorf		Gfenn-Hermikon		Weil-Berg		Sekundarschulkreis-Gemeinde	
	1885	1886	1885	1886	1885	1886	1885	1886
	Franken	Franken	Franken	Franken	Franken	Franken	Franken	Franken
Einnahmen	5,660	4,921	1,105	2,536	1,767	2,269	2,007	2,034
Ausgaben	4,846	4,489	1,604	5,173	1,879	2,063	2,003	2,025
Aktiven	61,695	62,241	4,118	6,583	29,278	10,283	3,714	3,563
Passiven	200	200	—	2,500	—	—	—	—
Stammgut	11,363	11,380	4,501	4,501	10,698	10,704	3,714	3,714

Im Anschluß an das Schulwesen mögen noch die zeitweiligen Kurse und Wandervorträge Erwähnung finden, in denen Erwachsene über Kochen, Haushaltung, Glätten, Gesundheitspflege, Gartenbau, Baumwartung, Düngerlehre, Punktieren und Messen des Rindviehs unterrichtet werden.

15. Kapitel.

Öffentliche Arbeiten.

Der erste Brückenbau über die Glatt wird aus dem Jahre 1468 gemeldet. Die Stadt Zürich zahlte dabei die Arbeitslöhne, die von Dübendorf gaben Holz und Steine und führten solche auf den Platz. Sodann ist aus dem Jahre 1518 folgende Urkunde erhalten:

Vertrag umb den Buw der Bruggen zu Tübendorf.

Wir der Burgermeister vnnd Rat der Statt Zürich Eins Vnd wir ein gantze Gemeynd, rych vnd arm zu Dübendorff anderwyls, Bekennent offentlich mit disem Brieff vnd thun kundt mengklichen Alßdann die Brugg über die Glat by Dübendorf diser Zyt buwlos gewesen ist, daß wir dann wider mit einander gebuwen vnd namlich wir der Burgermeister vnd Rat obgenant, damit den Costen, vnd wir die von Dübendorff darzu das Holtz geben, auch das Holtz vnd die Steyn uff die Hofstatt gefürt gehept haben. Das wir beyd Theil vns daruff mit einander fründtlich vnd gütlich vereinbart vnd habent auch das einander zugesagt vnd versprochen, wenn hinfür die jetz gemelt Glat Brugg bresthafft vnd Buwens nothürfftig wirt Es syge das man die Pfyler muren oder von Holtz machen wölt oder anders, So söllent vnd wellent wir der Burgermeister vnd Rat der

Stadt Zürich dazu den Kalch vnd den werklüten iren lon geben. Vnd wir die von Dübendorff das sand, auch Stein vnd Holz geben, vnd den Kalch, auch das sand die steyn vnd das Holz füeren vff die Hoffstatt in vnserm Costen alles getrüwlich vnd vngefarlich. Vnd deß zu Urkund haben wir der Burgermeister vnd Rat der Statt Zürich unser sekret Jnsigill, Vnd wir die gemeynd zu Dübendorff des fromen vesten Hansen von Schönows vff Dübenstein unsers lieben Junkherren eigen Jnsigill alls von vnser pitt wägen doch im vnd synen Erben on schaden offentlich lassen henken an dise Brieff zween gleich geschryben, davon jeder Theil einen hatt vnd geben sind vff Sampstag nächst vor dem Sonntag Laetare genannt Mitfasten nach der Geburt Christi gezellt fünffzehen hundert vnd achtzehen Jar.

(Die beiden Exemplare dieser Urkunde, mit den genannten Siegeln versehen, befinden sich im Zürcher Staatsarchiv.)

Die vorgedachte Brücke ist auf Josua Murers Kantonskarte von 1566 eingezeichnet und ging vom Oberdorf ins Äsch hinüber. Wie die noch jetzt vorhandene linkseitige Landfeste zeigt, war die Brücke auf den höchsten Wasserstand berechnet. Eine kurze Strecke unterhalb derselben führte eine Furth durch die Glatt, die bei mittlerem Wasserstande zu Pferd, bei niederm sogar zu Fuß passierbar war.

In welcher Zeit die ersten **Straßen** auf dem Gebiet der Gemeinde Dübendorf angelegt wurden, läßt sich nicht ermitteln. Auf der Karte von Josua Murer finden sich solche überhaupt nicht. Dagegen erwähnen die Chroniken einen Regierungsbeschluß von 1586, eine „bessere" Straße über den Zürichberg anzulegen, woran mehrere hundert Personen, auch Weiber und Kinder arbeiteten, um bei dem damaligen Nothstand ihr Brot zu verdienen.

1772 am 4. Mai verordnete der Rat 500 fl. aus dem Sekelamt an die wegen den auf der neu angelegten abgeänderten Straß von Dübendorf nach Wangen erbauten Bruggen und Landvestenen ergangenen großen Kösten.

Als in den Jahren 1832 bis 1833 neue Gesetze betr. das Straßenwesen erlassen wurden, fiel auf Dübendorf eine Strecke der

Landstraße von Schwamendingen über Uster nach Hinweil. Dieselbe wurde 1854 begonnen, 1856 vollendet und zieht sich von Stettbach bis Gfenn in fast gerader Richtung ³/₄ Stunden weit von West nach Ost. Der Glattübergang wurde durch eine neue offene Brücke vermittelt, welche 64 Fuß lang, 24 Fuß 5 Zoll breit war und 9500 Gulden kostete. Die alte gedeckte Brücke wurde dann abgetragen.

In den folgenden Jahren erstellte die Gemeinde noch einen Steg über die Glatt im Unterdorf und einen bei Hermikon, eine offene hölzerne Brücke bei der untern Mühle, sowie steinerne Brücken über die Bergbäche, wobei mehrere Straßen und Wege teils verbessert, teils neu angelegt wurden.

1852 verakkordierte die Gemeinde den Bau einer Straße nach Wangen. Dieselbe kam in die Ebene zu liegen, während der alte Weg nördlich davon über den Stegenbuck geführt hatte.

1860 besaß Dübendorf 2 fahrbare Brücken im Unterdorf, 1 im Oberdorf und 1 im Neugut.

Nach dem Übergang des gesamten Straßenwesens an die politische Gemeinde im Jahr 1870 machte sich überall das Verlangen nach bessern Verbindungen geltend, und es folgten bald nach einander die Erstellung der Eichholzstraße vom Weil in den Gehren (1877), einer neuen ebenen Straße vom Äsch nach Hermikon, die Korrektion der Strehlgasse (1880) 2 neue eiserne Brücken im Unterdorf, neue Straßen nach Wallisellen und Rieden.

1891 wurde die Straße Geeren-Gockhausen-Hottingen verebnet und

1892 bei Hermikon eine fahrbare eiserne Brücke von 15,6 m Länge und 3,8 m Breite und eine Fahrstraße von da ins Weil erstellt.

1893 erfolgte eine Korrektion des Fußweges Dübelstein-Gehren und

1895 eine solche der Fällanderstraße.

1897 wurde der Fußweg von der Birchlen bis zu der neu errichteten Gerbe in eine Fahrstraße umgewandelt.

1898 die Stationsstraße korrigiert, angeblich auf Staatskosten, aber mit 2000 Franken Beitrag von Seite der Gemeinde.

Die Besoldung der Wegknechte stieg in den Jahren 1820—1870 von Fr. 46.60 auf Fr. 200 an, so zwar, daß sich seit 1857 2 Mann in den festgesetzten Betrag (damals 140 Fr.) teilen mußten. Besondere Verrichtungen wie das Zerschlagen von Steinen, Öffnen der Seitengräben und a. werden extra bezahlt.

Im Jahre 1870 betrug das Baubüdget Fr. 5401.25, wovon 4978.79 auf den Bau der Straße Kämmaten-Gokhausen fielen.

Die weitere Entwicklung des Straßennetzes machte in den folgenden 20 Jahren eine Vermehrung der Straßenwärter 3. Klasse auf 4 Mann notwendig, während die Straßen 1. und 2. Klasse vom Staate übernommen wurden.

Brunnenwesen.

In der Thalebene gab es früher mit Ausnahme von Hermikon und Stettbach nur einen einzigen laufenden Brunnen in der Nähe der Kirche. Die Gemeindsprotokolle und Rechnungen ergeben darüber das folgende.

Weiler Brunnen.

1850 werden für 69 fl. 6 k Teuchel angeschafft.

1853 dem Brunnenmeister Küderli fl. 1.40 k bezahlt.

1854 wird der Gemeinderat beauftragt, mit den Nutznießern vom Brunnen im Weil ein Verkommnis zu treffen.

1861. Zufolge eines Verkommnisses zwischen der Gemeinde Dübendorf und den obern 8 Häusern im Weil wird beschlossen, die Brunnenleitung daselbst in Stand zu stellen.

1874. Es wird eine eiserne Röhrenleitung für den genannten Brunnen beschlossen, zu 70 Rappen per Fuß, total 140 Fr.

1877. Es soll noch mehr Wasser gesucht und dieses nach gehöriger Speisung des Weiler Brunnens, den Schulhäusern zugeleitet werden.

1878. Nachdem konstatiert ist, daß die gefaßten Quellen außer den für den Weiler Brunnen nötigen 7 Maß noch weitere 25¾

Maß liefern, wird beschlossen, daß die Civil-Gemeinde die Leitung bis zur Bachbreite führe und die beiden Schulgemeinden sie von da zu ihren Schulhäusern (Weil 1 Teil, Unterdorf 2 Teile) in eigenen Kosten fortsetzen.

Es wurden zu diesem Zwecke bei der Kantonalbank 5800 Fr. zu 5% entlehnt. Die neue Leitung kostete Fr. 6694.56, und außerdem leistete die Civilgemeinde zur Erstellung des Schulbrunnens im Unterdorf einen Beitrag von 1000 Fr.

1880 wird die Aufsicht über die Wasserleitung und den Weiler Brunnen bis zum Teilstocke der Civilvorsteherschaft zugesprochen, die einen Brunnenmeister mit 60 Fr. Jahresbesoldung ernennt.

Soweit die Ausgaben für das Brunnenwesen aus den vorliegenden Rechnungen ersichtlich sind, betrugen dieselben von 1850 bis 1889

im Maximum (1878) . . . . Fr.	6551.94
im Minimum (1855) . . . . „	2.91
durchschnittlich . . . . „	262.54

Die Kosten des gesamten Bauwesens zeigen, nach 10 jährigen Perioden zusammengefaßt, folgende Durchschnittszahlen:

1820—1829 . . . . Fr.	2425
1830—1839 . . . . „	2965
1840—1849 . . . . „	4640
1850—1859 . . . . „	7979
1860—1869 . . . . „	7709
1870—1879 . . . . „	17280
1880—1889 . . . . „	1405

Die Wasserversorgung.

Schon im Februar 1895 hatten sich einige Bürger zusammengetan, um von der Civilgemeinde Dübendorf einen Kredit von 500 Fr. für Plan und Kostenberechnung zu einer rationellen Wasserversorgung zu erlangen. Die Motion wurde aber mit 52 gegen 23 Stimmen abgelehnt.

Die Initianten nahmen nun die Sache auf privatem Wege an die Hand, durch Bildung einer Genossenschaft, wogegen freilich von einflußreicher Seite ernste Bedenken erhoben wurden.

Erst am 11. März 1894 erklärten sich 18 Aktivbürger der Civilgemeinde Dübendorf „an die Kosten für Anschaffung eines Planes und Kostenberechnung pro rata beizutragen zur Erstellung einer rationellen Wasserversorgung für unsere Gemeinde".

Dieselben bestellten ein Initiativkomitee aus den Herren Heinrich Goßweiler-Bantli (Gemeinderatspräsident), Jakob Fürst und Eduard Weber zum Feldhof.

Am 1. April teilte Präsident Goßweiler einer weitern Versammlung von ca. 30 Mann mit:

1. daß Ingenieur Boßhard in Zürich die verfügbare Wassermenge für ausreichend halte und die Arbeit um die Summe von Fr. 86,900 übernehmen würde.

2. Daß das Komitee mit dem Eisengeschäft L. v. Roll in Gerlafingen sich dahin verständigt habe, es sollte eine erste Röhrenlieferung bis zur 2. Hälfte Juli l. J. erfolgen.

Nach diesen Mitteilungen verpflichteten sich die meisten Anwesenden durch Namensunterschrift:

„Für die Beschaffung der Bausumme für eine Wasserversorgung in der Civilgemeinde Dübendorf mit ihrem Privatvermögen solidarisch zu haften.

„Sie ermächtigen die zu wählende Kommission, sich mit den betreffenden Eisengeschäften in Verbindung zu setzen behufs Lieferung des nötigen Materials."

Das oben genannte Initiativkomitee wurde hierauf zu einer 7gliedrigen Baukommission erweitert durch die Wahl der Herren Heinrich Weber zum Morgenthal, Goßweiler, Schenkel, Baumeister Bonaldi und Dr. Wilhelm Meyer.

In den folgenden Tagen erfolgten noch weitere Beitrittserklärungen zu der Genossenschaft, die sich als endgültig konstituiert erklärte.

Den Vorsitz übernahm Hr. Goßweiler-Bantli, Vizepräsident wurde Hr. Eduard Weber, Quästor Hr. Fürst und Aktuar Dr. Meyer.

Am 8. April wurden einige Quellen teils von Grundbesitzern Gockhausen käuflich erworben, teils von Hrn. alt Gemeinderat Pfister im Gehren schenkungsweise abgetreten. Hr. Bonaldi faßte dann diese Quellen in Sickerröhren von der Firma Sponagel in Zürich.

Mit dem Stadtforstamt wurden Verhandlungen eingeleitet in Betreff einer am Adlisberg gelegenen Quelle, um dieselbe auf Stadtgebiet zurückgraben und daselbst in eine Brunnenstube fassen zu können, was freilich in der Folge durch verschiedene Umstände vereitelt wurde.

Die Baukommission bestritt nun die Kosten des Planes und der Vorarbeiten zunächst aus eignen Mitteln, indem auf künftige Abrechnung hin die Summe von 5000 Fr. zusammengelegt wurde.

Sodann vergab sie die Lieferung der eisernen Röhren teils an L. v. Roll in Gerlafingen, teils an Kägi & Comp. in Winterthur.

Zur Deckung der Bausumme beschloß die Genossenschaft ein Anleihen von 90,000 Fr. zu erheben, gegen Obligationen zu $3^3/4\%$ mit halbjährlichen Coupons. Da die Zeichnungen nicht rechtzeitig den gewünschten Betrag erreichten, so wurden bei der Zürcher Kantonalbank gegen persönliche Bürgschaft von 10 Genossenschaftern, deren 4 der Baukommission angehörten, weitere 40,000 Fr. erhoben, verzinslich zu $3^3/4\%$ und rückzahlbar binnen 30 Jahren.

Am 2. Juni wurden der Generalversammlung die Statuten samt Reglement vorgelegt und gingen dann an das Handelsregisterbureau zur Genehmigung.

Nach Feststellung der Bauvorschriften vergab die Kommission das Legen des Hauptnetzes und der Hausleitungen an die Herren Bonaldi & Wuhrmann, in Betracht, daß ihr Angebot das billigste sei und daß sie als Genossenschafter und Ortseinwohner das größte Interesse am Gelingen der ganzen Unternehmung haben müßten.

Der ganze Bauplan umfaßt:

1. Die Zuleitungsgräben von den Quellen bis zum Reservoir.

2. Die Erstellung von 3 großen und 3 kleinen Brunnenstuben in Cementguß und einer gemauerten Brunnenstube mit Eingang.

3. Den Bau eines Doppelreservoirs von 450 m³ Inhalt.

4. Die Legung des Hauptnetzes und der Hausleitungen samt Montieren der Leitungen und Hydranten.

Sämtliche Röhren und Verbindungsstücke sowie die Probepumpen und Hydranten lieferte die Genossenschaft.

Die Hauptleitung geht vom Reservoir (unterhalb der Straße Gehren-Gockhausen) in möglichst gerader Linie durch Dichelrüti und Fallmen mit 3 seitlichen Abzweigungen zum Pfarrhaus, von da über Schönengrund zu David Fenner & Ulrich Hoppler, sodann in die Strehlgasse und bis zur Papierstofffabrik, endlich durch das Unterdorf bis zu Bernhard Weber. Eine Zweigleitung geht durch Weil, Städtli und Lindenplatz in das Hauptnetz, eine zweite von Ulrich Hoppler bis Friedensrichter Weber und durch den Neuweg zum Sonnenthal, eine dritte von Schmid Wuhrmann durch das Glattbett ins Äsch und eine vierte von der Papierstofffabrik zur Bahnstation.

Im Oktober kamen die ersten Hausleitungen in Gebrauch, und am 16. November nahm der Oberfeuerkommandant Müller von Zollikon die erste Hydrantenprobe vor. Das Hydrantenkorps, 47 Mann stark, ist in 2 Sektionen mit je einem Schlauchwagen eingeteilt. Den Oberbefehl führt Hr. Schwarz am Neuweg, Sektionschefs sind die Herren Wuhrmann und Bonaldi.

Die Berechnung der Kosten für die Hausleitungen konnte nicht vor Jahresschluß durchgeführt werden. Um inzwischen den Materiallieferanten zu befriedigen, erhob die Baukommission gegen Hinterlage von Wertschriften am 19. November bei der Kantonalbank noch 10,000 Fr. zu 4% Zins nebst Provision, die bis 2. März wieder völlig abgezahlt wurden.

Als nun der Betrieb zu allseitiger Befriedigung im Gange war, wollte man der Freude am Gelingen des nützlichen Werkes durch eine bescheidene Festlichkeit Ausdruck geben.

Am 9. Dezember luden Böllerschüsse, Flaggen und Ehrenpforten zur Sammlung beim Schulhause Unterdorf ein. Gegen Mittag ordnete sich der Festzug: Voran schritt eine Abteilung des Hydrantenkorps in Uniform, dann folgte Musik, hierauf die Baukommission samt Ehrengästen, der Töchter- und Männerchor, endlich das Gros des Hydrantenkorps und die übrigen Festteilnehmer. Vom Gibel des festlich geschmückten Reservoirs hielt Präsident Goßweiler eine schwungvolle Ansprache, und nach Vorträgen des Töchter- und Männerchors bewegte sich die zahlreiche Versammlung wieder thalwärts und wurde im Weil, Oberdorf, Strehlgasse, Unterdorf und Neuweg mit allerlei scherzhaften und sinnigen Anspielungen begrüßt. Auf dem Turnplatze folgten einige Produktionen mit den Hydranten, und um 4 Uhr setzte man sich im Hecht zu einem einfachen Mahle. Mit Reden und Gesang, nochmaligem Hydrantenspiel und Feuerwerk wurde der Tag beschlossen.

Obwohl um diese Zeit alle Hausleitungen im Betrieb waren, konnte die Baurechnung erst am 10. Mai 1896 vor die Generalversammlung gebracht und dann der Polizeidirektion, Abteilung Assekuranzwesen, vorgelegt werden, um für die Hydranten einen Staatsbeitrag zu erlangen.

Im gleichen Jahre wurde das Leitungsnetz von Unterdorf aus noch fortgesetzt zu den Geschäften der Herren Schwarz (Parfümeriefabrik) und Stutz (Gerberei) und in die herwärts gelegenen Häuser. Auch im Gehren wurden einige Hausleitungen erstellt.

Unterm 21. Februar 1897 reichte der Vorstand an die Polizeidirektion zu Handen des Regierungsrates die Baurechnung ein, welche Fr. 107,840.44 Cts. betrug, und stellte das Gesuch um einen Staatsbeitrag.

Derselbe belief sich auf die Summe von Fr. 18,500, in Erwägung, daß das Unternehmen nicht ganz nach den bestehenden Vorschriften durchgeführt war und daher bei den staatlichen Experten nur teilweise Anerkennung fand. (Aus dem Protokoll des Regierungsrates 1897. 1178 Hydranten.)

Nachdem an die weitere Ausdehnung des Leitungsnetzes eine

Summe von Fr. 9136 verwendet worden, ergab sich dafür ein Staatsbeitrag von Fr. 1410.

Da bei anhaltend trockner Witterung und den Ansprüchen verschiedener industrieller Geschäfte ein genügender Ertrag der Quellen ungewiß wurde, entschloß man sich zur Erstellung eines Pumpwerks mit Petrolmotor im Unterdorf, dessen Installation im August 1898 stattfand.

Wir haben bis dahin die Entwicklung der Gemeinde geschildert wie sie teils durch den allgemeinen Gang der Geschichte, teils durch zielbewußtes Handeln der Menschen gewissermaßen regelrecht gestaltet wurde.

Aber wie im Leben des einzelnen Menschen, so kommen auch in dem der Gemeinden hin und wieder Unglücksfälle vor, die teils mit Ergebung getragen, teils mit Umsicht und Aufopferung bekämpft werden sollen.

Auch Dübendorf hat im Laufe der Zeiten viel gelitten durch Wasser- und Feuerschaden, durch Krankheiten und Kriegsunruhen.

Wir erachten es für passend, an die Schilderung dieser Unglücksfälle die Übersicht der dagegen getroffenen Maßnahmen zu fügen, gleichviel ob dieselben vom Staate, von der Gemeinde oder von Privaten ausgingen.

Den Überschwemmungen wird die Glattkorrektion, den Brandschäden die Einrichtung der Feuerwehr und den Kriegsereignissen die militärischen Übungen folgen. Denn die letztern sollen nicht als eine unnütze Spielerei aufgefaßt werden, sondern ein geordnetes Wehrwesen herbeiführen, das die Schrecken des Krieges zwar nicht immer verhüten, aber mildern und abkürzen kann.

Das Wenige, was über verheerende Seuchen zu sagen ist, findet sich im Kapitel 22 (Allgemeine Statistik).

16. Kapitel.

Überschwemmungen und Glattkorrektionen.

Die flachen Ufer und die vielfachen Windungen im natürlichen Laufe der Glatt hatten von jeher ein Austreten des Flusses bei Hochwasser begünstigt, wodurch das umliegende Land manchen Schaden erlitt. (Vgl. im 11. Kapitel die Ordnung und Erkanntnussen über die Glatt.)

Man versuchte daher schon im 17. Jahrhundert eine partielle Korrektion.

Das Graben eines ziemlich geraden, fast ganz neuen Bettes von der Herzogenmühle bis Oberglatt genügte jedoch wegen der fortbestehenden Schleusen und zahlreichen Mühlen nicht.

„Ao. 1750 sind von dem häufigen Regenwetter zu verschiedenen Malen die Bäche, Waldwasser und Flüsse an- und übergelaufen und haben großen Schaden angerichtet . . . . so auch die Glatt, so daß bei der Herzogenmülli die Reisenden in Schiffen übergesetzt werden mußten.

1752 war der Greifensee außerordentlich groß und so auch die Glatt.

1764 bedeckte die Glatt beinahe 100 Jucharten Landes und schädigte namentlich Dübendorf und Glattfelden durch Zerstörung vieler Wuhre.

1781 ist die Glatt vom Greifensee an bis an den Rhein überall ausgetreten und sahe ab den Bergen einem See gleich."

1812 wurde die Gesamtkorrektion des Flusses von seiner Einmündung in den Rhein bis zum Greifensee hinauf beschlossen. Aber die im Jahre 1813 bei Glattfelden begonnene und in einer Länge von 3600 Fuß ausgeführte Arbeit ging schon im folgenden Jahre durch Überschwemmung wieder verloren. In den Jahren 1817 bis 1830 wurde die Korrektion, wobei eine Anzahl Mühlen beseitigt werden mußten, von Hofstetten bis Glattbrugg hinauf durchgeführt.

Es bedurfte noch weiterer Schädigungen, bis die Eindämmung der Glatt auch in ihrem obersten Teil an die Hand genommen wurde.

In der ersten Woche des Juni 1876, gerade zur Zeit der Heuernte, erfolgten fast in allen Teilen der Schweiz die furchtbarsten Überschwemmungen. Von Hermikon bis zum Neugut trat die Glatt über ihre damals noch flachen Ufer, das 3—4 fache ihrer sonstigen Breite erreichend. Der Hermiker Steg wurde weggerissen und trieb an die Brücke im Oberdorf, die er beschädigte. Die Strehlgasse stand ihrer ganzen Länge nach 2—3 Fuß tief unter Wasser. Bei der untern Mühle reichte dasselbe einerseits bis an das alte Spritzenhaus neben der Scheune des Heinrich Goßweiler (Trüben) anderseits bis auf wenige Schritte an den Garten des Jakob Müller zum Grünenhof. Selbst Fußgänger konnten vom Oberdorf aus nur über die obere Brücke und den Bettlibuck zur Bahnstation gelangen.

Als man nach einigen Tagen die Brücke bei der Untermühle wieder betreten konnte, zitterte dieselbe vom Anprall des reißenden Stromes, so daß man das Gefühl hatte, auf einem Dampfschiff zu fahren. Ihre Pfeiler wurden auch wesentlich beschädigt, leider aber so unvollkommen repariert, daß im Jahre 1886 die ganze Brücke zur Nachtzeit einstürzte.

Die alte Wallisellerstraße war an verschiedenen Stellen zu tiefen und weiten Löchern ausgewaschen.

Fast noch größern Schaden hatten die Bergbäche angerichtet. Der steile Weg zum Schloß war auf eine lange Strecke zu einem 1—2 Fuß tiefen und ebenso breiten Graben aufgerissen. Gewaltige Massen von Schlamm und Kies mit sich führend, verstopften die Bäche zunächst die Brückenlichtungen und ergossen sich dann seitwärts über die Dämme, Äcker und Wiesen verheerend. Im Weil überfluthete der Bach die Straße und verbreitete sich in und um die Häuser auf beiden Seiten derselben bis zur Sennhütte hinunter. Auch der Gotthauser- und Sagentobelbach richteten an Häusern und Land großen Schaden an, letzteres teils wegreißend, teils mit Geschiebe bedeckend. Oberhalb Stettbach erfolgte ein Dammbruch am Fabrikweiher.

Das Wasser stieg im Hause des Heinrich Rathgeb bis an die Thürschlösser hinauf, riß ein großes Stück Bachufer samt der Straße längs Konrad Pfisters Haus und Garten weg und schwemmte den Zaun des letztern bis gegen das Sonnenthal hinab. Baumäste und andere Trümmer lagen noch zu beiden Seiten der Landstraße.

Um der momentanen Not abzuhelfen, bot der Gemeinderat sämtliche Mannschaft zum Frohndienst auf, bis wenigstens die Bäche wieder in ihre normale Richtung gebracht waren.

Später wurden die Ufer des Sagentobelbaches ausgemauert und sein Bett mit Schwellen versehen, auch ein neuer Steg mit eisernem Geländer darüber angelegt.

Am 27. September 1886 genehmigte der Regierungsrat das Korrektionsprojekt für die Glatt von der Obermühle Dübendorf bis zur Seidenzwirnerei Neugut. Diese Strecke wurde an die Gebrüder Frei vergeben, das Endstück von der Obermühle bis zum Greifensee an die Herren Bonaldi & Giovannini, größtenteils durch italienische Arbeiter ausgeführt und 1890 vollendet.

Der Staat zahlte an die Glattkorrektion im Gebiete der Gemeinde Dübendorf Fr. 138,055. 80. Die Gesamtkosten der Strecke beliefen sich bis Ende 1893 auf Fr. 140,092. 72.

Schon während dieser Arbeit ergab sich aus der Verkürzung des Flußbettes eine merkliche Tieferlegung des Greifensees, und es darf wohl die Überschwemmungsgefahr als gänzlich beseitigt angesehen werden. Seit 1893 ist aus früherem Sumpfboden Ackerland geworden; die Uferdämme dienen als bequeme Fußwege und die von Boßhard in Näfels gelieferte eiserne Brücke am Wege zur Bahnstation und nach Wangen hat sich gut bewährt. Dagegen gingen durch die steilen Böschungen die frühern Badeplätze für Menschen und Vieh verloren, und was noch mehr ist, auch die Schlupfwinkel der größern Fische, an denen die Glatt früher so reich war, und die nun gänzlich zu verschwinden drohen.

Nicht durch Wasser, aber durch unzeitigen Schneefall erlitt am 28. September 1885 auch Dübendorf schweren Schaden. Die größten Obstbäume wurden entwurzelt oder ihrer Kronen beraubt und ein bedeutendes Stück Wald nahe der Schloßbreite so arg zugerichtet, daß man den ganzen Bestand umhauen mußte.

17. Kapitel.

Gewitter- und Feuerschaden.

Der häufigste Weg, den Gewitter in unsrer Gegend zu nehmen pflegen, geht von Baden her das Limmatthal herauf, dann teils über Schwamendingen, teils über die Einsattlung des Zürichbergs zwischen Klösterli und Tobelhof und von da weiter in östlicher Richtung über Volketsweil, Pfäffikon, Bauma ins Toggenburg und Appenzellerland. Soweit sich die Begrenzung solcher Gewitterzüge nach dem Hagelschaden bemessen läßt, erstrecken sie sich in der Breite oft kaum eine halbe Stunde weit; im Glatthal vorzugsweise zwischen Weil und Fällanden, Gfenn und Schwerzenbach u. s. w.

Über Gewitter- und Hagelschaden berichten die Chroniken folgendes:

1719 erfolgte ein schweres Gewitter.

1749 den 20. Mai zerschlug ein Hagelwetter zu Schwamendingen die Zelg gegen Stettbach und dem Berg nach gar übel; im Augstmonat that ein gleiches zu Hegnau und im Gfenn großen Schaden.

1755. Am Weihnachtsfest Sturmwind mit Riesel begleitet, so daß der Pfarrer zu Dübendorf ab der Kanzel stieg und viele Leute andere Örter suchten.

1762 im Juni erschlug der Blitz zu Dübendorf einen Knecht samt 4 Pferden, als er Heu einführen wollte.

1776 schlug der Strahl in ein Haus und verbrannte es.

1792. 21. Juli thaten Hagel und Überschwemmungen Schaden zu Dübendorf, Wangen und Gfenn.

1807 am 23. Herbstmonat wurde durch den Blitz 1 Haus und 2 Scheunen zu Gockhausen eingeäschert, 27 Personen des Obdachs beraubt.

1832 schlug am 18. April der Blitz in den Helm des Kirchturms und in die Kirche zu Dübendorf und beschädigte solche.

1834. 22. Juni beschädigte ein Gewitter Stettbach, Schwamendingen und Wallisellen mit Schloßen.

1845. 14. Brachmonat fuhr ein Gewitter über den Zürichberg und richtete in Dübendorf durch Hagel Verheerungen an.

1872 am Pfingstmontag ging eines der unheilvollsten Hagelwetter über unsre Gegend.

Am 11. Juli 1896 zwischen 5—6 Uhr Abends brach ein unerhörtes Hagelwetter von Norden her über die Gemeinde Dübendorf herein. Die Schloßen erreichten ein Gewicht von 30—40 gr und enthielten einen kirschgroßen, mattweißen Kern, den eine durchsichtige längliche Eisschale von 1—2 cm Dicke umschloß. Tausende von Dachziegeln und Fensterscheiben zerfielen in Scherben, das unreife Obst fiel samt dem zerfetzten Laub massenhaft von den Bäumen, die Feldfrüchte und Gartengewächse wurden jämmerlich zerhackt und viele Menschen und Thiere erlitten Verletzungen.

Bei vielen Feuersbrünsten ist nicht der Blitz, sondern eine andere oder gar keine Ursache angegeben:

1620 im Juli verbrann die Mühle zu Dübendorf.

1680 den 6. Herbstmonat verbrann zu Dübendorf das Schulhaus samt einem Kind.

1714 wurde der sonntägliche Morgengottesdienst durch Feuerlärm unterbrochen.

1788 den 19. May ist zu Dübendorf nahe bei der Kirche ein grosser, dem löbl. Obmann-Amt gehöriger Lehenhof und daran gebaute Scheuer verbrunnen.

1807. 23. September schlug der Blitz in ein Haus zu Gofhausen und äscherte dasselbe nebst 2 Scheunen ein.

1816. 11. Christmonat verbrannte ein grosses von 3 Haushaltungen bewohntes Haus und Scheune nebst allem Hausrat infolge unvorsichtigen Aufbewahrens von Torfasche. Assekuranzvergütung 1800 fl.

1835. 17. Oktober Morgens 2 Uhr brannten im Dorf Dübendorf 2 Häuser, darunter das Wirtshaus und andre Gebäude ab; Assekuranzvergütung 5708 fl. 13 ß 2 Rp.

1838. 20. März Abends spät verbrannten im Gfenn 3½ Häuser nebst andern Gebäuden und betrug der Assekuranzschaden 5062 fl. 2 ß.

1839. 6. März Abends zwischen 9—10 Uhr brannte in Dübendorf 1½ Haus und Nebengebäude ab. Vergütung 4000 fl. — 1. Weinmonat Nachmittags 2 Uhr 2 Häuser. Vergütung 3560 fl.

1840. 28. Januar 5 Uhr Morgens verbrannte in Dübendorf eine Spinnerei, Säge und Reibe; einige andre Gebäude wurden beschädigt. Vergütung 3605 fl.

1843 verbrannte eine Scheune in Dübendorf. Der Brandstifter erhielt (in Anbetracht seines sonst guten Leumunds) 4 Jahre Zuchthaus.

1844. 19. April Morgens 7½ Uhr 2 Häuser und Nebengebäude in Dübendorf. Vergütung 3870 fl.

1847. 21. April verbrannten zu Kämmaten 3 Häuser und Nebengebäude.

1849. 24. Januar Nachts 8 Uhr im Oberdorf ein grosses Haus und Scheune. Vergütung 3278 fl. — 14. Dezember Nachmittags 2 Uhr ein Haus und Scheune.

Von 1840—1849 erhielten im Bezirk Uster an Assekuranzgebühr vom Staat die Gemeinden Uster, Volketsweil, Dübendorf am meisten, Maur und Schwerzenbach am wenigsten.

1853. 15. Januar brannte in Stettbach ein Haus ab.

1858. 4. März brannte in Dübendorf Morgens 10 Uhr ein großes von 4 Haushaltungen bewohntes Haus ab.

1860. 26. September brach im Hause des Präsident Denzler Feuer aus, konnte aber bald bewältigt werden. Man vermutet Brandstiftung.

1873 Ende September verbrannten im Weil 5 Wohnungen.

1884 im Februar verbrannte im Unterdorf ein Haus mit 4 Wohnungen.

1885 im Februar verbrannten im Gfenn 5 Wohnungen.

1891 verbrannte im November ein Haus auf der Station und im Dezember ein solches im Weil. Im erstern Falle wurde Brandstiftung vermutet, im zweiten lag grobe Fahrlässigkeit vor.

1894 verbrannten binnen wenigen Wochen 2 Häuser an der Strehlgasse und wurde noch an andern Orten Brandlegung versucht.

1897 und 1898 fanden kleinere Brände an der Strehlgasse, im Gasthof zum Hecht und im Fallmen statt, teils aus Fahrlässigkeit, teils aus böswilliger Absicht.

Über Löschanstalten enthalten die Akten der Gemeinde Dübendorf aus früherer Zeit keine Angaben.

Nach Strickler (Geschichte der Gemeinde Horgen) führte die Obrigkeit 1577 in der Stadt und den Vogteien Feuerkübel ein, später Leitern und Haken, erst von 1670 an Feuerspritzen. Ziegelbedachung kam in Horgen ums Jahr 1640 auf.

Laut Gemeindsrechnung besaß Dübendorf 1821

2 Feuerspritzen, eine große und eine kleinere
5 Feuerleitern
5 große Haken
50 kleine Haken

5 Feuertansen.

32 Feuerkübel

9 Feuersäck, 2 Windlichter.

Dazu kam 1830 eine Decke über die Feuerspritze, aus 10 Ellen doppeltbreiter Zwilchen, 1831 2 neue Feuerleitern und einige Feuerhaggenstängli, 1833 1 Schlauch und 2 Wendrohre.

1854 war das gesamte Feuerlöschmaterial zu 1000 Gulden — Fr. 2333 gewertet, das Spritzenhaus zu 200 Gulden.

1829 wird zum ersten Mal die Feuerschau (Feuerwerk Visitation) und

1857 die Untersuchung der Blitzableiter erwähnt.

Bemerkenswert ist aus den Jahren 1820—1835, daß bei Brandfällen an weit entlegenen Orten, wie Adliswil, Stallikon, Regensberg, Oberglatt, Endhöri, Lackab, Rykon, Kyburg, Bisikon, Illnau, Dettenried, Pfäffikon, Sulzbach — die Feuerwehr Dübendorf in Anspruch genommen wurde. Wenn auch nicht jedesmal die Spritze ausrückte, so sind doch Ausgaben an den Feuerhauptmann oder an die Feuerläufer verzeichnet.

1839 beschließt die Gemeinde, die Zahl der Feuerläufer von 10 auf 5 zu vermindern, die der Wasserträger aber um 2 zu vermehren, welche auch in benachbarten Gemeinden mit ihren Tansen zu Hülfe eilen müssen. Für immerwährende Brauchbarkeit der Tansen hat der Wächter zu sorgen.

1840 bestimmt ein Gemeindsbeschluß, daß der Wirtskonto bei Anlaß von Feuersbrünsten beschränkt und denen, die bei Nacht sich auf der Brandstätte aufhalten müssen, vom Gemeindrat eine Erfrischung zugemessen werden solle.

1848 wird der Sold für die Spritzenmannschaft von 25 ß auf 15 ß herabgesetzt,

1858 infolge mehrfacher Beschädigung des Löschmaterials bei einem Brande im Neuhaus die Summe von 500 Fr. zur Wiederherstellung und Verbesserung jener Gerätschaften ausgesetzt.

1877 geht das gesamte Feuerlöschwesen an die politische Gemeinde über und wird

1879 in der Weise reorganisiert, daß
> zur Piketspritze 45
> zur Lokalspritze I 46 und
> zur Lokalspritze II 22 Mann gehören.

Weitere 90 Mann bilden das Flöckner- und Leiternkorps und die Feuerwache.

1880 wurde zur Korrektion der Strehlgasse das alte Spritzenhaus abgebrochen und das dazu gehörige Land soweit nötig an die politische Gemeinde unentgeltlich überlassen, und an der Hauptstraße, wo dieselbe vom Unterdorf ins Oberdorf übergeht, ein neues Spritzenhaus samt Gefängnis erstellt.

1893 wurde die Lokalspritze II in Gokhausen, die Lokalspritze I im Gfenn untergebracht.

1894 gelangten von den 42 Hydranten (s. Kap. 15 Wasserversorgung) einige schon in den ersten Wochen zur Wirksamkeit. Da nebst der Piketspritze und den Schlauchwagen auch der Kranken- und Leichenwagen im Spritzenhaus Platz finden mußten, verlegte man 1897 das Gefängnis auf den Dachboden des Spritzenhauses und brachte an der Längsseite des letztern eine zweite Thüre an. Auch diente der so erweiterte Raum zur Aufnahme von 6 neuen Feuerleitern.

In Gokhausen und Geeren wurden Feuerweiher angelegt.

18. Kapitel.

Kriegswesen.

Der erste nachweisbare Anlaß, wo die Gegend von Dübendorf als Kampfplatz genannt wird, fällt in das Jahr 1388. Nach den Schlachten bei Sempach und Näfels hatte zwar die Eidgenossenschaft an innerer Festigkeit und räumlicher Ausdehnung gewonnen, blieb aber immer noch von österreichischem Gebiet umschlossen, und es stellte sich kein dauerhafter Friede ein. Nach damaligem Brauche bestand die Kriegführung nicht im Verfolgen eines bestimmten Zieles, sondern in fortwährenden Schädigungen an Land und Leuten, wobei bald da, bald dort ein Dorf oder eine Stadt in Flammen aufging und alle brauchbare Fahrhabe als Beute weggeführt wurde. Von einem solchen Raubzuge aus dem Oberlande zurückkehrend, hatten die Zürcher mit den österreichischen Herrschaftsleuten des Kyburger und Grüninger Amtes am 9. Juli 1388 bei dem Klösterlein Gfenn ein Gefecht zu bestehen, worin sie gegen 70 Mann töteten und viele Gefangene machten.

Von den Greueln des alten Zürichkriegs 1443 blieb auch Dübendorf nicht verschont. Im Kloster Gfenn wurde eine kürzlich verstorbene Klosterfrau ausgegraben, das Kloster verwüstet, das hl. Sakrament verbrannt, ein silberner Löffel, „Da man die lüt vß trenkt nach nyssung des Sakraments", geraubt, ein Reliquienschrein geraubt.

In der Kirche in Dübendorf wurden 10 Hostien geraubt, die Monstranz erbrochen, die Kirche mit allen Zierden verbrannt. Darin befand sich ein Muttergottesbild, das mehr als 200 Pfund gekostet hatte. Umsonst hatte Reinbold Körnlin, Leutpriester in Dübendorf, den Hauptmann Erlach ersucht, das Sakrament zu schonen.

Über Kriegsdienste, an denen die Angehörigen der Gemeinde Dübendorf aktiv beteiligt waren, geben seit dem Ende des 14. Jahrhunderts die Reisrödel einige Auskunft.

Von ausländischen Feldzügen gehören dahin der Schwabenkrieg, die Kämpfe des Herzogs Sforza von Mailand gegen den König von Frankreich, von inländischen hauptsächlich die beiden Kappelerkriege. Das Kontingent von Dübendorf zu den jeweiligen Aufgeboten schwankte zwischen 1—22 Mann und mochte durchschnittlich 1% der zürcherischen Gesamtmacht betragen.

In der Schlacht bei Kappel am 11. Oktober 1531 fielen unter mehr als 500 Zürchern der Untervogt Rüegg Attinger von Dübendorf und sein Sohn Hans nebst weitern 4 Mann.

Zu Anfang des 17. Jahrhunderts bildeten je 300 Mann Fußvolk ein „Fähnlein", das in 9 Rotten zu 33 Mann abgeteilt war. Im Fähnlein des Hauptmanns Vögeli finden wir 3 Mann aus Dübendorf, deren einer mit Harnisch, der zweite mit Hakenbüchse, der dritte nur mit einem Spieß ausrückte.

Im Jahr 1616 und später stellten Rieden, Dietlikon und Dübendorf zusammen 3 Rotten. Als Rottmeister (= Lieutenant) werden genannt:

1616 Felix Leemann, der unter Müller.

1624 Jakob Temperli und Heinrich Schenkel, alle von Dübendorf.

Zum Fähnlein der Herrschaft Greifensee gehört 1616 als Musketier Kaspar Pfister aus dem Gfenn, 1624 dessen Sohn.

1656 erscheint als Rottmeister nochmals Felix Leemann der untere Müller, und Heinrich Pfister zu Dübendorf.

Das Schanzgräberfähnli (Geniekorps) unter Hauptmann Hans Schwarzenbach, Zimmermeister, zählt im Jahre 1616 5 Mann von Dübendorf:

Marx Weber, Heini Meyer beim Bach, Hans Stettbach, Felix Stettbach, Balthiß Stettbach und Hans Keller.

Diese Reisrödel geben uns freilich über hervorragende Thaten einzelner Leute oder Abteilungen ebensowenig Auskunft als über die erlittenen Verluste durch Tod oder Gefangenschaft. Die massenhaften Rapporte, die heutzutage dem Offizier und Unteroffizier manche Stunde des Tages oder der Nacht rauben, konnten noch nicht verlangt werden, so lange die bloße Fähigkeit des Schreibens und Lesens schon als Ausdruck höherer Bildung galt.

Die Schweizerregimenter in Frankreich, Holland, Sardinien, Rom und Neapel haben unter ihren Angehörigen noch bis in unser Jahrhundert manchen Bürger von Dübendorf gezählt. Die meisten werden in fremder Erde ihr Grab gefunden haben. Von den Heimgekehrten fiel Mancher noch der Gemeinde als Bettler oder den Seinigen als abgemergelter Kranker zur Last.

Die schwerste Kriegsnot, welche jemals über die Gemeinde Dübendorf hereingebrochen ist, gehört ohne Zweifel jener Periode an, wo infolge der französischen Staatsumwälzung unser gesamtes Vaterland in seinen Grundfesten erschüttert und dem völligen Untergang nahe gebracht wurde.

Als Frankreich durch den Sturz des Königtums und die Hinrichtung des, seiner schweren Aufgabe nicht gewachsenen Herrscherpaars sich mit den meisten europäischen Mächten verfeindet und in den Greueln der Revolution seine letzten Hülfsquellen erschöpft hatte, suchte die Regierung in auswärtigen Kriegen Beute zu machen und zugleich im Interesse der inneren Ruhe und Sicherheit die zügellosen Banden des Nationalheeres anderwärts zu beschäftigen.

Unter dem Vorwande, das von den Aristokraten gequälte Schweizervolk mit Freiheit und Gleichheit zu beglücken, rückte im Januar 1798 eine französische Armee ins Waadtland ein, wo man das Joch der bernischen Herrschaft schon längst abzuschütteln versucht hatte.

Die Berner leisteten entschlossenen Widerstand und schlugen, nachdem Freiburg sich ergeben hatte, den Feind bei Neuenegg in die Flucht. Da aber eine andere französische Truppenabteilung über Dorneck und Solothurn bis zur Stadt Bern vordrang, löste die dortige Regierung sich auf und entfloh.

Ein Zürcher Hülfskontingent von 1500 Mann war unter bernischem Oberbefehl zwischen Aarberg und Nidau aufgestellt, ohne ins Feuer zu kommen, und sah sich nun von seiner Rückzugslinie abgeschnitten. Auf Verwendung seiner Führer erhielt es freien Abzug.

Nun wurde die ganze Schweiz mit französischen Truppen überzogen und französische Kommissäre, die sich in Bern festsetzten, erteilten ihr eine neue Verfassung nach dem Muster der damals für Frankreich gültigen. Nachdem die Tagsatzung sich aufgelöst hatte und der vereinzelte Widerstand der Schwyzer und Nidwaldner mit Waffengewalt niedergeschlagen war, dauerte gleichwohl die fremde Okkupation noch fort. Die ausgehungerten Soldaten der französischen Republik mußten auf Kosten der Schweiz aufgefüttert und mit allen Bedürfnissen zu neuen Eroberungskriegen versehen werden.

Das Privatvermögen war damals noch nicht in unsichern Aktien und Obligationen angelegt, sondern bestand bei den Städtern in Schuldbriefen, barem Gelde, kostbarem Silbergeschirr und Schmucksachen, auf dem Lande in sorgfältig bewirtschafteten Gütern und schönem Viehstand, wobei namentlich die Pferde eine weit wichtigere Rolle spielten als heutzutage.

Der Staat hielt große Vorräte an Getreide und barem Geld, sowie auch reichliches Kriegsmaterial für alle Fälle in Bereitschaft.

Das alles eigneten sich die Franzosen ohne jede Gegenleistung an und verlangten außerdem die Stellung von 18,000 Mann Hülfstruppen zum Krieg gegen die anrückenden Österreicher und Russen.

Da die Besetzung des Kantons Zürich durch die Franzosen im Jahre 1798 ohne Schwertstreich erfolgte, so ist der nachstehende Bericht der damaligen Pfarrfamilie in Dübendorf auf die Zeit (Mai 1799) zu beziehen, wo eine nach Österreich und Süddeutschland vorgedrungene französische Armee von da in die Schweiz zurückgetrieben wurde.

Wir entnehmen denselben der Lebensgeschichte des spätern Drechslers und Naturforschers Jakob Bremi-Wolf, der als Sohn des Pfarrers in früher Jugend die Kriegsereignisse mit erleben mußte und infolge davon das Gehör verlor. Das Buch ist unter dem Titel: Das durchstochene Ohr — 1872 in Zürich erschienen und schildert die denkwürdigen Vorgänge mit folgenden Worten:

Es war nachmittags gegen 2 Uhr, als im ganzen Dorfe ein Lärm entstand, und da man aus den Fenstern des Pfarrhauses Dübendorf weit hinaus gegen Osten und Norden sieht, hatte Pfarrer Bremi nur zu deutlich die näher und näher kommenden Schaaren erspäht, deren blitzende Bajonette und rote Hosen[1]) ihm keinen Zweifel ließen, wer die ungebetenen Gäste seien.

Ein französischer Sappeur kam voran ins Pfarrhaus gerannt, legte 2 Äxte in die Stube, und eilte, ohne ein Wort zu verlieren, wieder davon. Was diese Waffe bedeutet und zu welchem Zwecke sie hingelegt wurde, bedarf nicht erläutert zu werden, erkannten es ja die kleinen Kinder gleich und drängten sich erschrocken an die Mutter, welche eiligst, um dem Zertrümmern und Einschlagen der Möbel möglichst vorzubeugen, an alle Kasten und Kommoden die Schlüssel steckte. Bebend und betend war die ganze Familie beisammen. Der Pfarrer in erstaunenswerter Ruhe und Fassung ging, die Tabakspfeife im Munde, langsam in der Stube auf und ab, die Pfarrfrau und Tante Ursula strickten, während die zwei Kinder zu ihren Füßen lagen und ihre Gesichter vor dem Knallen der Schüsse und dem wilden Lärm in dem Gewand der Mutter verbargen.

Wie blutdürstige Wölfe auf wehrlose Schafe stürzen jetzt mehrere rohe Kriegsleute in die Stube. Einer derselben[2]) stellte sich mit rollenden Augen und auseinandergespreizten Beinen vor den Pfarrer hin, hält ihm eine Pistole vor die Brust und brüllt mit fordernder Gebärde einige Worte heraus, die, obgleich fast unverständlich, nur

[1]) Soviel wir wissen, wurden die roten Hosen bei der französischen Infanterie erst später eingeführt und dürfte vorstehende Angabe nicht vom Pfarrer Bremi selbst herrühren, sondern von seinem Enkel irrigerweise beigebracht worden sein. Übrigens hatte man in jenen Feldzügen oft weder Zeit noch Geld zu Kommissariatsmusterungen, und jeder deckte seinen Abgang an Kleidern und Schuhen wie und wo er konnte. — W. M.

[2]) Bremi hält ihn wegen seiner glänzendern Ausrüstung für einen Offizier, dessen Grad er aber nicht näher angiebt.

zu gut verstanden werden konnten. Dabei schäumte ihm der Geifer zwischen dem steifen Schnurrbart hervor, und der ganze Ausdruck seines Gesichtes zeigte unzweideutig, daß es Ernst gelte. Bei diesem schreckhaften Überfall wird der gute Pfarrer totbleich, die zwei Kinder Jakob und Cleophea umklammern die Beine des geliebten Vaters und erheben ein Mark und Bein durchdringendes Jammergeschrei, darüber sich die Engel hätten erbarmen mögen. Der wilde Mensch stampft trotzig knurrend und fluchend in der Stube auf und ab, kommandiert und reißt sich davon; die Soldaten aber begnügen sich damit, das zunächst liegende zusammenzuraffen, in Säcke zu packen und jagen mit dieser Beute hinaus.

Das war nur der Schmerzen Anfang; solche Auftritte wiederholten sich nicht selten. Es folgten drückende Einquartierungen ohne Beihülfe, ohne Nachlieferung, und in Dübendorf wurde das Pfarrhaus als das wohnlichste im Dorf von einer Menge Offiziere in Beschlag genommen. Oft erhielt die Hausmutter den Befehl für 10—20 Herren den Mittagstisch zu rüsten und wußte nicht woher sie es nehmen sollte; und dieß dauerte nicht 1, nicht 2, nicht 10 Monate; mehr als 3 Jahre lang hielten sich fast ohne Unterbruch Franzosen und andere kriegführende Truppen hier auf.

Als im Juni 1799 Erzherzog Karl sein Lager in Kloten aufschlug und die Franzosen aus Zürich zu verdrängen suchte, ließ Massena die ganze herrliche Waldung am Zürichberg gegen Dübendorf umhauen, um durch die kreuz und quer übereinander gefallenen Bäume das Vordringen der Österreicher abzuhalten. An diesen Verschanzungen wurden die Leute von Dübendorf mitzuarbeiten gezwungen. Am 1. Juni machten die Österreicher[1] einen Anfall auf Dübendorf; am 3. Juni zog sich von morgens 5 Uhr der Kampf zwischen den beiden Armeen 16 Stunden lang zwischen Zollikon und Schwamendingen hin, und am 4. entbrannte die Schlacht in dem weiten Halbkreise um den Zürichberg von Riesbach bis Höngg; Dübendorf war im Centrum des Kampfplatzes.

[1] Unter dem Befehl des Feldmarschall-Lieutenants von Hotze, aus Richterswil gebürtig.

Vier erschreckliche Tage und Nächte brachte unsere Pfarrfamilie im Keller zu. Alle Nahrungsmittel waren ausgegangen, nur für den kleinen Jakob hatte die Mutter noch ein Brotkrümchen in der Tasche. Unter dem von früh bis spät in die Nacht fortdauernden Kanonendonner und dem unaufhörlichen Geknatter des Gewehrfeuers waren die Frauen öfter bewußtlos. Jakob wußte sich nachher nicht mehr zu besinnen, wie er durch jene Angst- und Schreckenstage hindurch gekommen oder wie er sie zugebracht hatte. Mehrere Kanonenkugeln schlugen durch das Haus; Fenster und Mobilien waren zertrümmert, die Thüren standen Tag und Nacht offen; der Pfarrer aber hatte auf Befehl des Obersten beständig eine große Flasche Branntwein und 2 Teller voll Rauchtabak in der Stube in Bereitschaft zu halten. Die Krieger kamen nämlich von Zeit zu Zeit aus dem Schlachtgetümmel heraufgelaufen, jeder schob eine Pfote Rauchtabak in den Mund, nahm darauf einen kräftigen Zug Branntwein und jagte wieder ins Feld hinunter an das mörderische Tagwerk.

Kaum war das Schlachtgetümmel beendigt, so wurden die Gänge und Zimmer mit Verwundeten gefüllt. Darunter zeichnete sich ein schrecklich langer häßlicher Mensch aus, ein Österreicher, der aus vielen Schußwunden blutend, quer über den Hausgang lag, Kopf und Schultern an die eine, die Füße gegen die andre Wand stemmend. Wer aus der Küche in die Stube ging und zurück, mußte über diesen Menschen hinüber einen großen Schritt wagen, denn alles Bitten an die aus- und einlaufenden Soldaten, diesen Menschen an einen andern Ort zu legen, blieb unbeachtet. An eine Pflege der Leidenden war nicht zu denken; die guten Leute hatten alle Kräfte aufzubieten, um nur den ungestümen Befehlen der österreichischen Offiziere ein Genüge zu leisten.

Die Franzosen waren in dieser „ersten Schlacht bei Zürich" geschlagen worden, hatten die Stadt räumen und sich bis an den Albis und das linke Limmatufer zurückziehen müssen. Aber in dem Grade wie diese aus ihren Quartieren zu Dübendorf wichen, traten andere Fremdlinge an ihre Stelle, österreichische Husaren, Kroaten und die mit der deutschen Sprache ganz unbekannten Russen, und erfüllten die Dorfbewohner mit neuem Grausen.

Frau Pfarrer Bremi schrieb an eine Freundin in Zürich unter anderm: Die Einquartierung stieg immer mehr an, in der dritten Woche des Mai hatten wir 6 und 7 französische und Schweizer Offiziere, am 27. kam ein General von Freiburg mit Adjutanten und zugleich ein fränkischer General mit einem Gefolge von 8 Stabsoffizieren ins Quartier, alle Gemächer waren voll.

Auf der Laube aßen die Ordonnanz und die Bedienten, im Waschhaus die Wache von 8 Mann, in der Scheune war die Prison. Von da an hatten wir täglich 30 Herren und 10 Pferde zu speisen und zu tränken, denn von Tappen — amtliche Lieferung von Brot und Fleisch, Ordinäre — war keine Rede mehr. Alle Belohnung bestand in Zufriedenheit und in dem Versprechen, es müsse uns nichts Leides geschehen. — Aber sobald die beiden Mächte sich schlugen, zog man uns die Wache weg und da gieng es einige Tage fürchterlich von den Husaren mit Weinwegtragen in Gelten und Kessi, mit Wegnehmen von Stroh, Hafer, Brot und Fleisch. Am 2. Juni kamen die Kaiserlichen, und wir mußten ihnen wegen ihrer Menge selbst vor das Haus noch zu essen bringen. Österreichische und russische Soldaten holten Speise und Getränk aus dem Hause. Nach der Einnahme von Zürich war das kaiserliche Depot 14 Tage in unserm Dorfe. Immer hatten wir das Haus voll verschiedener Mannschaft, Generalstäbe mit Bedienung, russische Priester, österreichische Pater, ungarische Husaren. Letztere, sowie die Kosaken, waren überaus wild; wir mußten ihnen täglich genug Wein, Brot und Fleisch geben, und Futter für die Pferde, welches alles sie mit offenen Säbeln und gespannten Pistolen forderten; und so ging es fort, bis die Franzosen wieder kamen. — Es ist mir ein unerklärliches Wunder, woher wir die Mittel zur Befriedigung dieser Krieger bekommen hatten, Gott that ein Wunder vor unsern Augen.

Die Kriegsnot dauerte noch fort bis ins Jahr 1800. 95,000 Mann fremder Kriegsleute überwinterten mit ihren Pferden in der ausgehungerten Schweiz und mußten mit den Bürgern des Landes im Elend darben. Beizufügen ist noch, daß die eigenen sogenannten „helvetischen Truppen" es den fremden an Roheit und despotischer Behandlung der Wehrlosen gleich-, fast möchte man sagen, noch zuvor thaten.

Mit dem Abzug der Kriegsheere war das unermeßliche Elend nicht verschwunden, das dieselben über das Land gebracht. Die letzten Hülfsquellen waren versiegt, viele Tausend arbeitsame Menschen durch Schwert, Hunger und Seuchen hingerafft. Die Brücken waren verbrannt oder gesprengt, die Straßen verdorben, Waldungen und zahllose Fruchtbäume niedergehauen, eine Menge Dörfer lagen in Asche, die Felder und Weinberge waren verwüstet. Infolge des Mangels, Hungers, schlechter Nahrung, Verwahrlosung der Jugend, durch unbegrabene Leichen, tote Pferde, und eingeschleppt durch fremdes Gesindel, waren schwere Krankheiten ausgebrochen.

Im Jahr 1800 grassierten in der Gegend die Pocken, woran allein in Dübendorf 23 Kinder starben. Auch Jakob Bremi wurde davon im höchsten Grade befallen, genas jedoch wieder, wenn auch sein Gesicht zeitlebens durch unzählige Narben entstellt blieb.

Aber im Jahr 1802 erkrankte er aufs neue an dem epidemischen Fleckfieber oder Kriegstyphus, und verlor dabei für immer das Gehör. Die Bemühungen verschiedener Ärzte, dasselbe wieder herzustellen, schienen einigen Erfolg zu haben, wurden aber durch plötzlichen Schrecken wieder vereitelt. Als nämlich im September 1802 die Stadt Zürich von den helvetischen Truppen unter General Andermatt beschossen worden war und die Belagerer unverrichteter Sache wieder abziehen mußten, vergriffen sie sich desto ruchloser an den vereinzelten Anhängern und Bürgern Zürichs.

12 Jäger stürmten in derselben Nacht das Pfarrhaus in Dübendorf und drohten mit schrecklichen Flüchen, es in Brand zu stecken. Bei diesem heftigen Schrecken verfiel Jakob Bremi wieder in ein starkes Fieber, und als dasselbe nachgelassen, war auch die letzte Spur von Gehör verschwunden.

Am Morgen des eidgenössischen Bettags, 12. September 1802, fand im Dorfe ein Kampf statt zwischen helvetischen Truppen und

Anhängern der Stadt Zürich, welche dieser zu Hülfe eilen wollten. Infolge davon unterblieb der Morgengottesdienst samt der Kommunion und erst mittags 12 Uhr konnte der Pfarrer bei Beerdigung zweier Kinder einige Worte des Trostes und der Aufmunterung an die wenigen Anwesenden richten.

Wir könnten über den Anteil der Gemeinde Dübendorf an einer der schwersten Prüfungen, die je unser Vaterland betroffen haben, kaum eine anschaulichere Schilderung geben, als sie uns hier aus dem Nachlaß des Pfarrers Bremi geliefert ist. Einige Ungenauigkeiten in der Zeitangabe und in militärischen Detailfragen müssen einem Geistlichen zu gute gehalten werden. Für ihn war der Krieg nicht ein Weltkampf großer Geister um die politische und materielle Gewalt, nicht eine Aufgabe der Kunst oder Wissenschaft, sondern ein Unglück, in dem es galt, mit Mannesmut und Gottvertrauen sich und die Seinigen aufrecht zu erhalten. Und diesen Sieg über sich selbst hat der wackere Mann errungen, obwohl ihm weder Ruhm noch Beute winkte; er verlor dabei sein irdisches Besitztum, und sein Sohn erlitt bleibenden Schaden an der Gesundheit.

Nachstehende Einzelheiten aus jener schweren Zeit sind dem Verfasser auf anderem Wege zur Kenntnis gekommen.

Ein Bürger von Dübendorf erzählte demselben im hohen Greisenalter, er sei während des Krieges wie andere Knaben aus Neugierde den Soldaten nachgelaufen, unter die österreichischen Vorposten geraten und von diesen als Spion dem General Hotze zugeführt worden. Dieser entließ den unbedachtsamen Jungen mit der Drohung, ihn im Wiederholungsfalle aufknüpfen zu lassen. — Von einem Landwirt im Gehren erhielt Verfasser ein auffallend kleines Hufeisen von etwas ungewöhnlicher Form, das in einem dortigen Acker gefunden worden war und angeblich von einem Kosakenpferde herrührte. — In einem Hause in Oberdorf zeigt die Thüre, die von der Tenne in die Wohnung führt, einen kreisrunden Schlüsselschild von etwa 20 cm Durchmesser mit dem Bilde eines Doppeladlers. Wir vermuten, dieser Schild habe s. Z. die Kopfbedeckung eines Österreichers oder Russen geziert.

Es ist vorhin erwähnt worden, daß in den Kriegswirren weniger die fremden Heere, als die einheimischen Soldaten der helvetischen Regierung wegen ihrer Zügellosigkeit gefürchtet und verhaßt waren. Als daher 1802 durch Abzug aller französischen Truppen die Schweiz sich selbst überlassen wurde, erhoben sich in allen Landesteilen die Anhänger der alten Ordnung und suchten das Joch der neuen Tyrannen abzuschütteln.

Die Stadt Zürich verweigerte die Abfuhr ihres Kriegsmaterials zum Gebrauch gegen die Urkantone und ließ es auf eine mehrtägige Beschießung ankommen. Kaum hatte diese aufgehört, so wurde ein Freikorps gebildet, zu dessen Offizieren auch ein Lieutenant Weber von Dübendorf gehörte. Dasselbe drängte im Verein mit den Kontingenten anderer Kantone unter dem Oberbefehl des Generals von Bachmann die helvetische Armee samt ihrer Regierung bis an die westliche Landesgrenze zurück, worauf aber der französische Konsul Bonaparte die Schweiz abermals besetzen ließ, bis er ihr eine neue Verfassung im Sinne kantonaler Selbständigkeit erteilt hatte.

Später haben einzelne Bürger von Dübendorf an der Grenzbesetzung in Graubünden 1809, an Requisitionsfuhren nach Basel 1814, an dem Gefecht bei Blamont in Frankreich 1815 teilgenommen und in ihren alten Tagen dem Verfasser davon erzählt.

Die zahlreichen Teilnehmer am Sonderbundskriege 1847 kehrten wieder wohlbehalten und vollzählig an ihren häuslichen Herd zurück.

Werfen wir nochmals einen Blick auf die von Bremi so ergreifend geschilderten Kriegsleiden, so muß das Los, welches der Schweiz mehr als 70 Jahre später bei einem ebenso blutigen Kampfe der Nachbarvölker zufiel, als ein Anlaß der edelsten Freude bezeichnet werden.

Beim Ausbruch des deutsch-französischen Krieges im Juli 1870 hatte der schweizerische Bundesrat zur Sicherung der Nord- und Westgrenze 40 000 Mann aufgeboten (worunter sich auch mehrere von Dübendorf befanden.) Die ununterbrochenen Siege der deutschen Truppen verschoben aber damals den Kriegsschauplatz ins Innere von Frankreich, und unsere Wehrmänner konnten binnen 2 Monaten wieder entlassen werden, ohne eine Feuerprobe bestanden zu haben.

Im folgenden Winter jedoch mußte die französische Ostarmee, anstatt die rückwärtigen Verbindungen der deutschen Heere zu durchbrechen und diese von dem belagerten Paris abzulenken, an die Schweizergrenze zurückweichen, wo ihr nur die Wahl blieb zwischen Kriegsgefangenschaft in Deutschland und Übertritt auf neutrales Gebiet. Zum Glück für alle Beteiligten kam zwischen den Generalen Herzog und Clinchant ein Vertrag zu stande, wonach die Truppen des letztern unter Niederlegung der Waffen auf Schweizerboden übertraten und da, durch das ganze Land verteilt, sechs Wochen lang der Ruhe pflegen konnten. Der französischen Republik wurden in dieser Weise an die 80 000 Bürger für spätere Zeiten erhalten, das deutsche Heer aber von ebensoviel Gegnern befreit.

Nachdem zu anfang Februars mehr als 1000 Mann auf die Gemeinden Uster und Pfäffikon verteilt waren, erhielt 10 Tage später der Gemeinderat von Dübendorf die Aufforderung, binnen 24 Stunden Unterkunftslokale für 300 Internierte und für eine Wache von 50 Mann in Bereitschaft zu stellen.

Dies geschah in folgender Weise. In der Kirche wurden sämtliche Stühle der beiden Schiffe im Chor aufgetürmt, der Boden mit Stroh belegt und in unmittelbarer Nähe des letztern neben dem Taufstein ein alter Eisenofen aufgestellt. Hier fanden 150 Mann ihr Quartier; das Waschhaus des Pfarrhofes diente ihnen als Küche. Weitere 100 Mann brachte man im damaligen Sekundarschulhaus unter, und den Rest im evangelischen Vereinshaus. Für Kranke wurde das leerstehende Haus des Zuckerbäckers Goßweiler nächst der Rosenburg, welches jetzt dem Herrn Sekundarlehrer Meister gehört — die Sennhütte stand damals noch nicht — gemietet, und vorläufig mit einem Strohsack möbliert. Nachdem der Arzt des Ortes mit dem Sanitätsdienste betraut worden, ordnete er das weiter Nötige auf dem Requisitionswege an und erhielt außerdem von Lehrer Hotz im Gfenn zwei vollständig aufgerüstete Betten zur Verfügung. Als Krankenwärter meldete sich aus den Internierten

Fluchier Francisque, sonst Arbeiter in den Kohlenminen von St. Etienne. Derselbe war ein guter Kerl, nicht besonders reinlich und von Zeit zu Zeit betrunken, doch lobten ihn die Patienten. Die zürcherische Wachmannschaft, ein Lieutenant mit 30 Mann, nahm Wohnung im Gasthof zum Hecht. Der Keller des neuen Schulhauses diente als Arrestlokal; in einem Schulzimmer daselbst hielt die Gemeinde ihren sonntäglichen Gottesdienst ab.

Als dringendstes Bedürfnis für die fremden Gäste, die monatelang nie aus den Kleidern gekommen waren, erwies sich eine gründliche Reinigung. Man sorgte so gut es ging für Badeinrichtungen, wo jeder wenigstens einmal sich von Schmutz und Ungeziefer befreien konnte. Allfällige Wunden und Hautkrankheiten wurden erst jetzt einer richtigen Behandlung zugänglich.

An Nahrung war kein Mangel; denn außer dem selbstgekochten „Ordinäre", das nach französischer Sitte mit Wurzeln von Löwenzahn versetzt wurde, erhielten Gesunde und Kranke noch reichlich Suppe, Kaffe, Erdäpfel und andere Lebensmittel von der teilnehmenden Bevölkerung. Außerdem wurden ihnen eine Menge Kleidungsstücke gespendet. Die reichlich mit Geld versehenen und zum Teil sehr gebildeten Unteroffiziere speisten jeden Abend gemeinschaftlich in der Wirtschaft zum Rosenbaum bei der Bahnstation.

Die Parteiung zwischen den Abkömmlingen der napoleonischen Armee und den von Gambetta aufgerufenen Mobilgarden kam nur scherzweise im Austausch der Spitznamen Moblots und Lignards zur Geltung.

Nach dem ersten Ausruhen von den Strapazen des Krieges wurden, um neben dem innern Dienst die Zeit auszufüllen, korpsweise Spaziergänge in die umliegenden Dörfer unternommen, von vielen Internierten bei Eintritt milderer Witterung auch landwirtschaftliche Arbeiten besorgt.

Daß die Lignards sich nicht gern einer etwas unbeholfenen Miliztruppe fügten, die Moblots überhaupt mangelhafte Begriffe von soldatischer Zucht hatten, war ihnen nicht zu verargen. Gab doch der Platzkommandant W., der seinen Vorgänger sehr einzig in Kenntnis der französischen Sprache übertraf, ein schmähliches Beispiel der Pflichtverletzung. Trotz alledem hielten sich die Internierten im ganzen musterhaft, und von Seite der Bevölkerung hörte man keine Klagen über Schädigung an Personen und Eigentum, wie sie wohl sonst im Kriegsleben an der Tages-Unordnung sind.

In ärztliche Behandlung kamen ungefähr 70 Mann. Frostbeulen in allen Graden bis zu völligem Absterben einzelner Teile, Entzündungen und Katarrhe der Atmungs- und Verdauungsorgane waren am häufigsten. Für ansteckende Krankheiten war Evakuation in eines der bei Zürich errichteten Lazarette vorgeschrieben.

Der bekannte Tonhallekrawall in Zürich, veranlaßt durch das Siegesfest der Deutschen daselbst, bewog den schweizerischen Bundesrat, den Abschub der Internierten zu beschleunigen.

Mitte März wurde das Kantonnement Dübendorf nach einem Bestande von vier Wochen aufgelöst. Noch aus der Heimat bezeugten mehrere Leute durch dankerfüllte Briefe ihre Zufriedenheit mit der gastlichen Aufnahme.

Nur einer kehrte nicht zurück; er war in Dübendorf am Typhus erkrankt, von da vorschriftsgemäß in ein Lazarett nach Zürich verbracht worden und dort gestorben.

Ein anderer besuchte noch 26 Jahre später den Ort, wo er sich von den Kriegsstrapazen erholt hatte, und äußerte lebhaft seinen Dank für erwiesene Wohlthaten.

Militärische Übungen.

Die allgemein schweizerische Sitte der freiwilligen Waffenübungen, namentlich des Schießens, wird auch in Dübendorf seit längerer Zeit gepflegt.

Ein Ratsmanuale vom 25. Juni 1706 lautet wie folgt: „Der Schützengesellschaft zu Dübendorf wurden die Gaaben also vermehret, daß sie hinkünftig in allem 24 Wamsel an 6 Stuck Barchet sammt 2 Patrontaschen und 2 Bayonets zu empfangen haben solle."

Der gegenwärtige Schießverein besteht zum Teil aus dienstpflichtigen, zum Teil aus militärfreien Mitgliedern. Einige davon bringen faſt regelmäßig Auszeichnungen von kantonalen und eidgenöſſiſchen Schützenfeſten nach Hauſe. Seit der Organiſation des Landſturms beſteht auch für dieſen ein Schießverein.

Seit 1897 beſteht auch ein Verein von Flobertſchützen im Sekundarſchulalter.

Ein militäriſches Schauſpiel, das den Verfaſſer[1]) als Zuſchauer zum erſten Mal in ſeinem Leben nach Dübendorf führte, war am 27. Auguſt 1841 der Zuſammenzug von 4 Bataillonen Infanterie, 2 Kompagnien Scharfſchützen, 1 Komp. Sappeurs, 1 Komp. Pontonniers, 2 Batterien Artillerie und 2 Kompagnien Dragoner. Oberſt Ziegler überſchritt die Glatt in der Gegend, wo jetzt das Neugut ſteht und drängte die von Oberſt Hirzel befehligten Truppen gegen den Zürichberg zurück. Den Weg zur „Hoffnung" verlegten die Sappeure mit einem umgehauenen Baume und ſchwellten ebenda den Bach, um die anliegenden Wieſen unter Waſſer zu ſetzen. Gegen die im Viereck formierte Infanterie wurden Reiterangriffe unternommen. Die retirierende Artillerie fuhr auf dem damals ſehr ſteilen Wege nach Kämmaten hinauf, wo ſie die letzten Schüſſe abgab, und ebenda wurde noch eine Flattermine losgebrannt.[2])

Um die Mitte der ſiebziger Jahre fand wieder eine Gefechtsübung ſtatt, die in Illnau ihren Anfang, in Dübendorf das Ende nahm. Hier diente jedoch die Kavallerie nur als Bedeckung für einige Geſchütze, die vom Stegenbuck aus das Wangner Ried beherrſchten, über welches die zur gleichen Partei gehörige Infanterie den Rückzug in der Richtung des Zwinggartens nahm.

1896 wurden bei den Manövern des 3. Armeecorps einige Truppenteile der 6. Diviſion in Dübendorf einquartiert.

Wie in der Überſicht des Finanzweſens gezeigt wurde, hatte die Gemeinde in den Jahren 1820 bis 1830 regelmäßige Ausgaben für Militärzwecke. Dieſelben beſtanden in

Beſoldung des Exerziermeiſters . . . . 25 fl.

---

[1]) Damals 11 Jahre alt.
[2]) Mem. Tig. V. 384.

Beitrag für Artilleriepferde, an Quartier-Hauptmann Abegg in Wipkingen einzuliefern . . . . . 3 ℔ 10 ß — 15 ℔
Den Tambouren und Pfeifern . . 2 ℔ 6 ß — 6 ℔ 10 ß

Gegen die Beanstandung des letztern Postens von Seite des Oberwaisenamts wird 1825 bemerkt: „daß dieseres schon seit vielen Jahren Uebung gewesen, daß wenn durch die Quartier-Hauptleute auf Musterungen gerufen wurde, sey es da oder dorthin gewesen, — allemahl den Tambours und Pfeiffern — bey Schlagung der Tagwache, wenn sie den Kreis im Dorf herum gemacht haben, im Wirthshause ein Trunk gegeben wurde — welche Uebung wie schon bemerkt — siet vielen Jahren existirte."

Von außerordentlichen Ausgaben finden wir:

1820. 5 ℔ für Transport auf Wollen. Hier ist ohne Zweifel eine Fuhrleistung in das eidgenössische Übungslager gemeint, das im August des genannten Jahres in der Nähe von Wohlen, Kt. Aargau, stattfand.

1828. 37 ℔ 2 ß den Soldaten beym Aufzug des hochgeachten Hrn. Oberamtmanns Ott, für 53 Mann, den 5. May.

1829. Dem Soldat Sch. Zulage 60 ℔ 15 ß. Derselbe stand, wie wir vermuthen, in französischen Diensten und wurde vielleicht unterstützt, damit er nicht zu bald heimkomme.

1833. Dem Wirth Trüb werden 2 Mal 25 fl. Dragoner-quartiergeld wegen (Brand in) Uster ausgerichtet.

Die gesamten Militärkosten von 1820—1831 sind auf einen Jahresdurchschnitt von 53 ℔ = 62 Fr. anzuschlagen.

Die Ereignisse von 1799 haben gezeigt, wie bei einem Angriff auf die Stadt Zürich von Osten her die Gegend von Dübendorf in Mitleidenschaft gezogen werden kann. Gegenüber den damaligen Verhältnissen wäre heutzutage noch folgendes in Betracht zu ziehen.

Das Wangner Ried stellt ein der Länge und Breite nach leicht übersehbares Schußfeld für alle Waffen dar.

Die Moränenwälle bei Dübendorf, Gfenn und Hegnau und die Terrassen bei Kämmaten und Dübelstein können zur Aufstellung von

Artillerie dienen, die sowohl die Straße und Eisenbahn zwischen Wallisellen und Uster als diejenigen in der Richtung von Winterthur auf eine lange Strecke vollständig beherrscht.

Auch die guten Straßen über den Zürichberg bieten ein hohes militärisches Interesse und das weithin sichtbare Schulhaus dürfte einerseits zu Rekognoszierungen, anderseits als Zielscheibe des schweren Geschützes verwendet werden. Sonst möchten wir es den Verwundeten als ein helles und geräumiges Asyl einrichten.

Daß die Bevölkerung unserer Gemeinde auch gegen die Leiden ihrer Mitmenschen an andern Orten nicht gleichgültig blieb, zeigen die folgenden Beispiele.

19. Kapitel.

Liebessteuern.

1714 Febr. für die Erlösten ab den Galeen (Galeeren?) und die vielen Armen zu Stadt und Land: 42 ℔ 4 ß 6 hlr.

1714 Juni für 10 brandbeschädigte Familien in Ottenbach: 30 ℔ 12 ß.

1718 für Wetterbeschädigte in Embrach: 28 ℔ 10 ß 7 hlr.

1753 für Brandbeschädigte in Rykon: 39 ℔ 37 ß 8 hlr.

1759 für solche in Affoltern 35 ℔ 18 ß 9 hlr.

1762 für Hagelbeschädigte in Dietlikon und Rieden: 165 Viertel Korn, 27 Mütt Roggen, 55 ℔ 14 ß Geld.

1764 für Brandbeschädigte in Opfikon: 6 Sagbäume zu Laden, und von Stettbach 2 Fuder Bauholz.

1768 den Wetterbeschädigten in Regensberg und Neuamt 203 Viertel Fäsen, 1 Vierling 13 Mütt Roggen, 41 ℔ Geld.

1776 für Brandbeschädigte zu Kemten 27 fl. 9 ß 6 hlr., aus dem Gfenn (nach Greifensee) fl. 9 20 ß.

1787 von Hermikon (Kyburg) für Brandbeschädigte in Bauma 25 fl.

1798 Mai für Brandbeschädigte zu Ins im Kt. Bern 66 fl. 5 ß 4 hlr., ungeachtet in der Woche zuvor 312 Franken[1]) ins Dorf kamen und in einer Nacht viele vieles von ihrem Wenigen an sie verwenden mußten.

1798 Oktober. Für Brandbeschädigte in 6 Kantonen 76 fl. 6 ß, wovon 29 fl. 4 ß aus Gfenn und Hermikon (Distrikt Bassersdorf) nach Wangen geliefert werden mußten.

1798 November nach Nidwalden 27 fl. 13 ß 5 hlr.

Liebessteuern bei verschiedenen Anlässen von 1806—1860.

1806. 30. November. Den durch Bergsturz Beschädigten in Goldau, Rothen, Lauerz und den Wasserbeschädigten in Nidwalden:

Von Dübendorf	fl. 37. —
Berg und Stettbach	„ 5. 26
Hermikon	„ 2. 36
Gfenn	„ 4. —

und am folgenden Tag von den (meist armen)

Neukommunikanten	„ 2. 14
	fl. 51. 36

1807. 5. Juli. Den Brandbeschädigten zu Bietenholz und zu Wyl bei Rafz:

Dübendorf	fl. 21. 33. 3
Berg	„ 3. 17. —
Hermikon	„ 2. 39. —
Gfenn	„ 3. 14. —
Eine Zugabe von Dübendorf	„ 8. —
	fl. 31. 31. 3

---

[1]) Franzosen.

1807. 24. September. Den Brandbeschädigten in Gotshausen . . . . fl. 58. 16

1808. Den Brandbeschädigten in verschiedenen Gemeinden des Kantons . . . . fl. 74. 30

1825. Den Brandbeschädigten zu
Oberglatt . . . . fl. 99. 4
Greifensee . . . . „ 62. 24. 5

1828. Den Brandbeschädigten in
Schwamendingen . . . . . . fl. 86. 26. —

1830. Fällanden . . . . „ 40. —
und Hegnau . . . . „ 21. 14

Den Bewohnern des Klosters Gfenn, das wegen Baufälligkeit abgetragen werden mußte . . . . . . fl. 43. 10

1834. Den Wasserbeschädigten in Wallis, Uri und Graubünden:
Oberdorf . . . . fl. 27. 5
Unterdorf mit Neuweg . . . „ 27. 15. 6
Weil . . . . „ 24. 12
Gotshausen . . . . „ 5. 4
Geeren und Schloß . . . . „ 9. 8
Stettbach und Kämmaten . . . „ 5. 11
Gfenn . . . . „ 17. 9. 6
Hermikon . . . . „ 18. 5
Mit Kleidungsstücken an bar . . „ 6. 38
fl. 138. 6

1835. Den Wetterbeschädigten in Rorbas und Bülach:
293 Viertel Korn, 71 Viertel Weizen, 59 Viertel Roggen, 8 Viertel Mischleten, 2 Viertel Gersten und an bar . . . . fl. 112. —

1835. Den Brandbeschädigten in Gmdr. Math. Pfisters Haus:
fl. 65. 20

1837. An den Kirchenbau in Sitzberg „ 44. 35. —

1838. Den Brandbeschädigten in Pfäffikon:
fl. 117. 4. 6
Den Brandbeschädigten in Gfenn:
fl. 118. 12. 6
Den Brandbeschädigten in Unterdorf:
fl. 108. 34. —
Den Brandbeschädigten in Unterdorf:
fl. 197. 38. —
1839. Dem wetterbeschädigten Uttinger am Kriesbach:
fl. 33. 9. —
1840. Den Wasserbeschädigten in Uri, Wallis und Tessin:
fl. 55. 5. 6
1841. Den Brandbeschädigten in Hegnau und Oberglatt:
fl. 62. 17. 6
1841. Den Wetterbeschädigten der Bezirke Hinweil und Meilen: 42 Viertel 3 Vlg. Weizen, 16 Viertel Korn, 14 Viertel 2 Vlg. Roggen, 22½ Viertel Mischleten, 1 Viertel Obst und an bar . . . . fl. 348. —
1842. Den Wetterbeschädigten des Bezirkes Uster:
fl. 131. 22. —
1844. Den Brandbeschädigten in Oberdorf:
fl. 44. 15. —
1847. Den Brandbeschädigten in Kämmaten:
fl. 35. 13. 6
1849. Den Brandbeschädigten in Oberdorf:
fl. 90. 9. 6
1849. Dem Brandbeschädigten W. Küderli in Bülach:
fl. 100. 38. 6
Dem wegen Verdacht auf Brandstiftung verhafteten Jak. Weber . . . . . fl. 36. 1. 3
1858. Den Brandbeschädigten in Neuhaus:
fr. 480. 80
1860. Den verfolgten Christen in Syrien:
fr. 127. 02

Hieher gehören auch die folgenden Angaben der Civilgemeinds-protokolle.

1846. Die gemeinnützige Gesellschaft des Bezirks Uster hat gegen allfällige Lebensmittelnot einen Aktienverein gegründet, woran die Civilgemeinde Dübendorf sich mit 32 Aktien zu 20 Fr. aus dem Bürgergut beteiligt.

1847. Der Bezirksverein hat ein Quantum Mais an die Civilvorsteherschaft zur Verteilung unter die Dürftigen abgegeben. Diese sollen sich jetzt in der Gemeindsversammlung oder später bei einem Mitglied der Vorsteherschaft melden.

1849. Die Maisrechnung zeigt einen Aktivsaldo von fl. 25. 15 ß, der nach Verzicht der Privataktionäre ins Bürgergut fällt.

Aus neuester Zeit.

1891. Für Brandbeschädigte in andern Kantonen und Hagelbeschädigte im Kanton Zürich . . . . Fr. 322. —
nebst dem Ertrag eines von den Gesangvereinen der Gemeinde veranstalteten Konzertes.

1896. Zu gunsten einer Heilstätte für Lungenkranke:
Fr. 220. —

Nach der Betrachtung dessen, was die Gemeinde als solche geleistet und gelitten hat, werfen wir noch einen Blick auf das Privatleben, auf die Art, wie der Einzelne für sich und die Seinigen sorgt und von den Mühen des Alltagslebens Erholung sucht.

20. Kapitel.

Wohnungen und Beschäftigung.

Als im Jahr 1812 die kantonale Brandassekuranzanstalt ins Leben trat, umfaßte sie in der Gemeinde Dübendorf 131 Privatgebäude, als Wohnungen, Scheunen, Speicher und Holzschöpfe. Die Hauptrevisionen in den Jahren 1832, 1841, 1854, 1864 ergeben eine Vermehrung der versicherten Privatgebäude bis auf 244.

Die Katastersumme betrug in den Jahren 1812—1851 durchschnittlich 2531 Gulden, 1852—1881 durchschnittlich 6228 Fr.; hat also im Laufe von 75 Jahren keine wesentliche Änderung erlitten, obschon eine Menge alter hölzerner Häuser während eben dieser Zeit durch Stein- und Riegelbauten ersetzt worden sind. Indem nämlich der absolute Wert der Gebäulichkeiten stieg, minderte sich die Feuersgefahr und wurden also geringere Prämien notwendig.

Die bauliche Einrichtung der Häuser ist sich im allgemeinen seit langer Zeit gleich geblieben. Gewöhnlich enthält das Erdgeschoß die Wohnstube und die Küche. An erstere schließt sich nicht selten ein kleineres Nebenzimmer an, welches bei Beamten als Sprechzimmer dient. Im obern Stock findet sich eine oder mehrere Schlafkammern, die gewöhnlich nur 1 oder 2 Fenster haben, und wenn sie sehr geräumig sind, durch quergestellte Kleiderschränke abgeteilt werden, soweit es die Sittlichkeit erfordert. Sonst findet man in diesen Kammern oft nichts anderes als die breiten Bettstellen, von denen einige schon den Großeltern des jetzigen Eigentümers gehört haben mögen, wie die angeschriebenen Namen und Zahlen zeigen. Die ältesten sind mit bunten Blumen auf himmelblauem Grunde bemalt und von einem sogen. Betthimmel, jedoch ohne Vorhänge, überdeckt. Jüngere Männer zieren ihre Schlafkammer mit den Ausrüstungsgegenständen für Militärdienst und Feuerwehr.

In vielen Stuben bleibt neben dem umfangreichen Kachelofen und einem oder mehreren Webstühlen kaum noch genug Raum für einen kleinen Tisch übrig; zum sitzen dient genügsamen Leuten die schmale Ofenbank und der „Winterhund": ein Ausbau des Ofens in Tischhöhe, mit Steinplatte bedeckt, ein warmes Ruheplätzchen für neugeborne Kinder und kränkelnde Greise.

An den meisten Bauernhäusern ist die Scheune unmittelbar angebaut und enthält mitunter den einzigen Eingang in die Wohnung. Mit dieser Einrichtung wird für die täglichen Stallgeschäfte viel Zeit gewonnen, aber ebensoviel geht manchem verloren durch die große Zerstücklung des Grundbesitzes, dessen verschiedene Teile oft weit auseinander liegen.

In neuester Zeit wurden am Bettlibuck und in der Birchlen mehrere neue Wohnhäuser z. T. im Villenstil erbaut (s. unter Handwerk und Baugewerbe) — und im Mittelpunkt des Dorfes erhebt sich der stattliche Doppelbau der Konsumgenossenschaft, der demselben ebensosehr zum Nutzen wie zur Zierde gereichen wird.

Beschäftigungen.

1. **Landwirtschaft.** Aus den Civilgemeindsprotokollen geht hervor, daß seit 1854 die Fortschritte der Industrie keine Beschränkung der Viehzucht veranlaßt haben. Die Zahl der Zuchtstiere wurde in dieser Zeit von 1 auf 4 erhöht und neben der braunen Schwyzer Rasse der gefleckte Simmenthaler Schlag eingeführt. Der Pachtzins für die Stiere betrug in den Jahren 1835—1852 50 bis 80 Gulden, seit 1853 100—236 Franken.

1880 wurde der Zuchtochsenfond zwischen der Civilgemeinde Dübendorf ohne Gotkhausen und der Civilgemeinde Berg mit Gotkhausen nach Maßgabe des beidseitigen Kühebestandes geteilt. Bezüglich der Civilgemeinde gehörte also Gotkhausen fernerhin zu Dübendorf, bezüglich der Viehgenossenschaft aber zum Berg.

Daß Viehzucht und Milchproduktion mit großem Eifer und Erfolg betrieben werden, ergiebt sich aus der Einführung von Viehmärkten, die jährlich 4 mal in Dübendorf stattfinden und der Civilgemeinde einen Pachtzins von 6—10 Fr. abwerfen, aus der häufigen Prämierung hiesiger Viehbesitzer an landwirtschaftlichen Ausstellungen und aus der großen Menge Milch, die täglich nach Zürich geliefert wird. Die Käserei hingegen, welche in den siebziger Jahren versucht wurde, ist bald wieder eingegangen, indem weder die Besitzer der Sennhütte noch die Sennen ihre Rechnung dabei fanden. Ob die Einschränkung des Ackerbaues zu Gunsten der Futterproduktion sich auf die Länge als vorteilhaft erweist, wird die Zukunft lehren. Im Jahre 1893 belief sich der Ertrag des Ackerbaues auf 163,000 Fr.

1895 wurde ein Gesetz betreffend **Viehversicherung** erlassen und am 16. Dezember für den Versicherungskreis Dübendorf die Statuten genehmigt, Vorstand und Rechnungsrevisoren gewählt und Besoldungen und Kautionen festgesetzt. Die Kontrolle ergab 212 Viehbesitzer mit 1095 Stück Großvieh, eingeschätzt für 437,880 Fr. (Von Kleinvieh wurde nur wenig angemeldet.)

1896 bildeten sich **Viehzucht-Genossenschaften** für Braunvieh und Fleckvieh.

Die Konsumgenossenschaft bezieht und liefert verschiedene Sorten Kunstdünger. Das Mähen und Sammeln des Futters geschieht noch von Hand mit Sense, Rechen und Gabeln, dagegen ist das taktmäßige Schwingen des Dreschflegels durch stehende und fahrende Maschinen verdrängt worden.

2. **Kräutler.** Ein sehr einträgliches Geschäft, wodurch mehrere Familien der Gemeinde zu großem Wohlstand gelangt sind, bildete namentlich in früherer Zeit das Kräutersammeln. Dabei richtete sich die Rentabilität nicht allein nach den Preisen, die von Apothekern und vom Publikum für die eingelieferten Kräuter bezahlt wurden, sondern auch nach der Art des Betriebes. Wenn ein solcher Kräutler, aus dessen eigenem Munde der Verfasser dieser Schrift das Nachstehende vernahm, morgens um 3 Uhr mit etwas Käse und Brot in der Tasche, den Weg nach Zug antrat und, alles zu Fuß, am

gleichen Tage wieder heimkehrte, ohne in ein einziges Wirtshaus getreten zu sein, so konnte er es schon zu etwas bringen. Diese einfache Lebensweise, wobei auch die Kniehosen und Schnallenschuhe aus dem vorigen Jahrhundert noch bis in die zweite Hälfte des jetzigen herhalten mußten, fand bei den Nachkommen nicht immer Anklang.

3. Korbflechterei. Die früher in vielen Familien betriebene Korbflechterei ist wie das Spinnen fast ganz den neuen Industriezweigen gewichen.

4. Weberei. Eine der wichtigsten Erwerbsquellen, namentlich für das weibliche Geschlecht, bietet die Seidenweberei. In der großen Mehrzahl der Wohnstuben hört man das Gerassel eines oder mehrerer Webstühle und mehr als die Hälfte der Eisenbahnreisenden, die auf der Station Dübendorf verkehren, dürften Weberinnen sein, die ihr fertiges Wupp zu Markte tragen, oder Anrüster, denen die Kontrolle über das Weben obliegt. Freilich wird auch da manchmal geklagt, es gehe zu wenig und nur die tüchtigsten Arbeiterinnen können etwas verdienen, oder man müsse einem „Pressierwupp" zu liebe alles andere beiseits lassen und ganze Nächte durchwachen.

5. Handwerk. Auf diesem Gebiete ist die Entwicklung eine sehr ungleiche. Während nämlich Hafner, Ziegler, Drechsler, Buchbinder u. a. gar nicht oder nur zeitweise vorhanden sind, findet sich bei den Eisenarbeitern keine genaue Scheidung zwischen Schlossern, Schmieden und Mechanikern, die Schreiner sind teilweise auch Zimmerleute oder Glaser, die Wagner gelten zugleich als Brunnenmacher und die Sattler als Tapezierer und Bettmacher. Auch betreiben viele, soweit sie auf Grundeigentum sitzen, nebenbei noch Landwirtschaft.

Den größten Aufschwung zeigt das Baugewerbe, wie schon bei dem Artikel „Wohnungen" angedeutet wurde. Im Jahre 1877 hatte die Anlage der Eichholzstraße vom Weil in den Gehren, und nach weitern 10 Jahren die Glattkorrektion einige Accordanten und viele Arbeiter italienischer Abkunft herbeigezogen. Mehrere von ihnen ließen sich hier bleibend nieder, so der Baumeister Ermann Bonaldi aus Crete (Lombardei), der verschiedene Straßen-, Wasser- und Häuserbauten unternahm und ein ansehnliches Cementgeschäft begründete. Ein weiteres Baugeschäft wurde 1897 von der Firma Höllrigl und Herre eröffnet.

Die neuen Industriezweige der Elektrotechnik und Fahrradfabrikation, welche erst seit wenigen Jahrzehnten überhaupt bekannt sind, haben 1895 in Reinhold Trüb zur Hoffnung einen Vertreter gefunden.

Den in Dübendorf wohnenden Arbeitern der Maschinenfabrik Örlikon und der Schuhfabrik Brüttisellen gewährt das Velo den größten Nutzen.

6. **Fabrikwesen.** Schon im Jahre 1802 erwähnt das Kirchenprotokoll bei Anlaß eines Todesfalles eine „Lohbauersche Spinnfabrik". Unter den Brandschäden wird 1840 eine Spinnerei genannt, welche samt Säge und Reibe im Feuer aufging. 1856 wird dem Herrn Hanhart von Pfäffikon die Errichtung eines Wasserwerks nebst mechanischer Baumwollspinnerei an der Glatt bewilligt. Dieselbe ging in der Folge an Herrn Homberger und noch später an Herrn Zuppinger-Billeter über.

Es ist schon erwähnt worden, daß in früherer Zeit die Wasserkräfte der Glatt hauptsächlich für Mühlen Verwendung fanden. In Dübendorf unterschied man noch bis in die zweite Hälfte des 19. Jahrhunderts die obere und untere Mühle. Von letzterer ist nur der Name übriggeblieben, indem daselbst Herr Homberger ums Jahr 1875 eine Holzstofffabrik einrichtete, in welcher Holz geraspelt zur Papierfabrikation vorbereitet wurde.

1898 entstand daselbst eine Maschinen- und Stahlspänefabrik.

Die Seidenzwirnerei Neugut, gegenwärtig im Besitz des Herrn Zwicki-Guggenbühl, liegt zwar im Gemeindsbanne Wallisellen, hat aber auf dem linken Glattufer, zu Dübendorf gehörig, mehr als 40 Arbeiterwohnungen und beschäftigt auch viele in Dübendorf selbst ansässige Personen beiderlei Geschlechts. Ein weiteres Fabrikgebäude in der Mitte zwischen Unterdorf und Neugut diente ursprünglich als Baumwollspinnerei, wechselte aber seine Besitzer und seine Bestimmung oft in kurzer Zeit, womit jeweilen bedeutende Schwankungen in der Zahl, Herkunft und Art der Arbeiter verbunden waren. In letzter

Zeit wurde daselbst eine Gerberei und nicht weit davon eine Parfümeriefabrik eingerichtet.

7. **Detailhandel.** Noch im Jahre 1860 gab es in Dübendorf keinen Tuchladen und nur sehr wenige Spezereihandlungen. Letztere sind in neuerer Zeit besonders durch die Konsumvereine in mehr als genügender Zahl eingeführt worden. Wie die Konsumgenossenschaft Dübendorf den Ertrag ihres Geschäftes zum allgemeinen Nutzen verwendet, ist schon im Vorwort dieses Buches, sowie am Schlusse des 14. Kapitels und endlich unter dem Titel „Wohnungen" zur Sprache gekommen. Zur Ermunterung muß ihr die Thatsache dienen, daß der Warenverkauf seit 1888 bis 1897 von Fr. 71,069.86 auf Fr. 206,173.56 gestiegen ist. Anderseits bietet die nahe Stadt Zürich, mit welcher durch Milchlieferanten, Weber und andere Arbeiter ein lebhafter Verkehr stattfindet, jedem was er wünschen mag und bezahlen kann.

Größere Handelsgeschäfte werden von ehemaligen Angehörigen der Gemeinde Dübendorf in verschiedenen Städten und selbst in entlegenen Erdteilen betrieben.

8. **Wissenschaftliche Berufsarten** haben unter den Bürgern von Dübendorf bis jetzt wenig Vertreter gefunden. Von Theologen und Rechtsgelehrten ist dem Verfasser keiner bekannt.

Einzig dem Lehramt wendet sich von Jahr zu Jahr eine Anzahl junger Leute zu, die ihre Fachbildung in den Seminarien von Küsnacht und Unterstraß erlangen. Ein hiesiger Bürger ist Professor an einer auswärtigen Kantonsschule.

Wissenschaftlich gebildete Ärzte scheinen erst im 2. Viertel unseres Jahrhunderts aufgetaucht zu sein. Die frühern „Scheerer" trieben hauptsächlich Chirurgie, nachdem sie ihre ganze Lehrzeit, mit dem Gebrauch des Rasiermessers und Aderlaßneppers anfangend, bei irgend einem Praktiker durchgemacht hatten. Daß sie ihr Brot zu verdienen suchten, so gut es eben ging, zeigt folgendes Ratsmanuale vom 10. August 1748: „In der Appellationsstreitigkeit zwischen Georg Goßweiler, dem Schärer zu Dübendorf, Appellanten einer- und Mathias Trüeben, Wirth und Gastgäb von daselbst,

Appellaten anderseits die Fraag betreffend, ob ersterer zu ihm kommenden Patienten und zu aderlassenden Personen Wein und Brot verkäuflich zukommen lassen und verwihrten dörffe oder nicht? ward einhellig erkennt, daß von denen dortigen Hhrn. Ober-Vögten als Richter erster Instanz wohl gesprochen und hingegen von dem Appellanten übel apelirt heißen und seyn, mithin selbiger die gewohnte Appellationsbuß und dem Appellaten 5 ff, seiner Kösten zu bezahlen haben solle."

Seit 1841 waren die in Dübendorf wohnenden Ärzte sämtlich Niedergelassene, aus der Stadt Zürich gebürtig.

Der erste derselben, Dr. Salomon zur Eich, erwarb 1841 von den Erben des Konrad Goßweiler dessen Wohnhaus samt Umgelände in der Leepünt, und trat es 1860 an den Verfasser ab. Dieser betrieb die ärztliche Praxis unter mancherlei Wechselfällen bis zu Ende des Jahres 1888 und übergab sie dann seinem Sohne Ernst.

In den sechziger Jahren hatte Johannes Zollinger aus Dübendorf Medizin studiert, starb aber schon im ersten Jahre seiner in Uster begonnenen Berufsthätigkeit.

Der gegenwärtige Bezirkstierarzt, Albert Weber in Uster, entstammt einer angesehenen Familie von Dübendorf.

9. Endlich giebt es, wie schon seit langer Zeit, eine Menge Leute, die täglich nach Zürich gehen und da auf verschiedene Weise ihr Brot verdienen.

Dem leichtsinnigen Schuldenmachen, das früher namentlich die Fabrikbevölkerung in einen üblen Ruf brachte, ist in neuerer Zeit durch Konsumvereine und Krankenkassen einigermaßen gewehrt worden.

21. Kapitel.

Vergnügungen und Volksfeste.

Für die Art und Weise, wie nach der täglichen Arbeit Erholung und bei besondern Anlässen Zerstreuung und Belustigung gesucht wird, sind gewöhnlich uralte Gebräuche maßgebend, die sich durch Jahrhunderte in ganzen Völkerschaften forterben.

Von jeher übten die eidgenössischen Schützenfeste eine gewaltige Anziehungskraft nicht nur auf die wehrhaften Männer, sondern ebensosehr auf das schaulustige und vergnügungssüchtige Volk jedes Alters und Geschlechts.

Bei dem großen „Schießent", das 1504 in Zürich stattfand, lockte der „Glückshafen" gleich den heutigen Lotterien viele Tausende von Leichtgläubigen an, obwohl nur 28 Gewinne ausgesetzt waren. Aus Dübendorf kamen nicht weniger als 75 Einleger, von denen die Namen Attinger, Fenner, Müller, Stettbacher, Schneider und Weber sich bis auf die Gegenwart erhalten haben, während zwölf andere ausgestorben oder erst durch nachträglichen Zuzug wieder eingeführt worden sind.

Im allgemeinen läßt sich sagen, daß die Bevölkerung von Dübendorf einer einfachen Lebensweise beflissen ist. Bei Bauten und andern Dingen wird mehr auf den Nutzen als auf die Schönheit gesehen; zu luxuriöser Ausschmückung fehlen teils die Mittel, teils der Sinn. Aus dem gleichen Grunde kommen sehr selten ordentliche Fastnachtspiele zu stande. Das Maskieren ist seit 1895 der Schuljugend nur noch bei Tage und ohne den früher üblichen Hausbettel gestattet. Auch das zwecklose und mit manchen Gefahren verbundene

Schießen wurde untersagt. Umsomehr Anerkennung findet der rührige Turnverein mit seinen gymnastisch-theatralischen Aufführungen.

Für die Pflege des Gesanges haben sich Männer-, Töchter- und gemischte Chöre gebildet, wozu im Jahr 1891 auch die Einführung eines neuen Kirchengesangbuches Anlaß gab.

1863 und 1896 fand in Dübendorf das Bezirksgesangfest statt. Über letzteres berichtet der „Bote von Uster" wie folgt:

Das Sängerfest in Dübendorf vom 5. Juli.

ist bei unerwartet schöner Witterung glänzend verlaufen. Die Beteiligung von seiten des Publikums war eine sehr große, die Leistungen der auftretenden Vereine durchwegs schöne, der Festwein süffig und die Organisation im ganzen gut. — Damit ist eigentlich alles gesagt, da man aber erfahrungsgemäß von einem Festberichterstatter mehr verlangt als nur einige Zeilen, so soll auch hier das Wichtigste aus den Ereignissen des Tages etwas ausführlicher geschildert werden.

Bald nach dem Eintreffen der Vereine des Bezirksverbandes begann in der sehr geräumigen Festhütte die Probe für die Chorgesänge, woran sich ein schmackhaftes „Znüni Essen" anschloß. Um 10 Uhr begann das Konzert der Bezirksvereine. Hierbei machte sich eine Erscheinung geltend, die wohl nicht zum erstenmale zutage trat: das Publikum war so spärlich, daß es für die Sänger geradezu entmutigend war. Vor beinahe leeren Bänken mußten die Sänger die Wettlieder singen, auf welche sie so große Mühe und Sorgfalt verwendet hatten, um dem Publikum — das sich naturgemäß zum größten Teile aus den Ortschaften des Bezirkes rekrutierte — zu zeigen, was unsere Landvereine zu leisten im stande sind. Und da kommen ein paar Dutzend Zuhörer, die sich noch einigermaßen für die Leistungen ihrer Vereine interessieren, während zu dem zweiten Konzerte der fremden Gastvereine ein so großer Zudrang war, daß man nicht einmal den aktiven Sängern den Zutritt ohne Bezahlung des Eintrittsgeldes gestattete. Diese beschämende Interesselosigkeit einerseits, und die erwähnte Neuerung in der Organisation anderseits, setzten denn auch der Feststimmung einen bedeutenden Dämpfer auf. Allerdings stand den aktiven Sängern der Zutritt zur Bühne offen, aber es ist eben nicht jedermanns Sache, sich braten zu lassen!

Die Leistungen der Bezirks- wie der Gastvereine zeigten zum Teil prächtige Leistungen. Es wurden 10 Lorbeer- und 3 Eichenkränze an Gastvereine verliehen:

I. Kategorie: Lorbeerkränze:
1. Töchterchor Zürich.
2. Frohsinn Küsnacht.
3. Männerchor Frohsinn Wollishofen.
4. Frohsinn Adlisweil.
5. Männerchor Rieden.

II. Kategorie: **Lorbeerkränze:**
   1. Männerchor Enge.
   2. Liederkranz Neumünster.
   3. Männerchor Rüti.
   4. Sängerbund Thalweil.
   5. Männerchor Unterstraß.

   Eichenkränze:
   Männerchor Männedorf.
   Männerchor Dietlikon.
   Eintracht Brüttisellen.

Die Gesamtchöre machten einen imposanten Eindruck. Insbesondere verdient Erwähnung das Schuyder'sche „Gebet für das Vaterland" (mit Musikbegleitung), sowie auch der siebenstimmige Chor „Hör' uns, Allmächtiger!" von Gaugler, von sämtlichen Sängern des Bezirksverbandes.

Die meisten Kompositionen waren von Attenhofer (10) und Angerer (5).

Auf das Konzert der Gastvereine folgte der großartige Festzug durch das Dorf, für dessen Überlieferung an die Nachwelt ein Photograph nach Kräften gesorgt hat. — Am darauffolgenden Bankett in der Festhütte sprachen die Herren Lehrer Meister (Präsident des festgebenden Vereins) und Simmen (als Präsident des Bezirksverbandes). Es ist wahrlich keine besonders angenehme Mission, in einem Gewühl und Getöse, wie es das Hüttenleben eben mit sich bringt, eine Rede zu halten, — ich glaube auch kaum, daß es den beiden erwähnten Rednern, — trotz ihrer wohlausgebildeten Stimmwerkzeuge — gelungen ist, sich dem größern Teil des Publikums verständlich zu machen.

Eine Zeit lang wogte noch das Hüttenleben, dann lichteten sich die Reihen, und ein Verein nach dem andern rüstete sich zum Aufbruch, nur die Dübendörfler schienen die geräumige Festhütte so lieb gewonnen zu haben, daß sie sich erst in später Stunde von ihr zu trennen vermochten!

Haben wir in unserem ersten Artikel über das Fest im allgemeinen gesprochen, so wollen wir heute über die gesanglichen Leistungen der Bezirksvereine referieren, welche wohl einer eingehenderen Würdigung und Besprechung wert waren. Nicht daß die folgenden Worte als eine eigentliche Kritik der vorgetragenen Wettgesänge aufgefaßt werden sollen, — das hieße dem Urteil des Kampfgerichtes in unzulässiger Weise vorgreifen.

Im allgemeinen läßt sich zum vorneherein konstatieren, daß gar keine mittelmäßige Leistungen zu Tage traten, sondern alle zum mindesten die Note gut verdienten. An den vom Männerchor „Eintracht" und Töchterchor in Dübendorf mit Schwung vorgetragenen Festgruß von Schneeberger schloß sich der Reigen der Wettgesänge, beginnend mit dem Männerchor Oberuster, der den Frühlingsgruß von Attenhofer vortrug. Der Verein strebt munter vorwärts unter seinem jungen Direktor und darf sich als Landverein gewiß überall hören lassen, wenn er auf der beschrittenen Bahn eifrigen Studiums vorwärts schreitet. Der Töchterchor Nieder-Uster trug ein Lied von Angerer vor: „Dem Schweizerland". Es läßt sich von dieser Leistung ungefähr das Gleiche sagen, wie von dem Vortrag des Attenhofer'schen „Der Frühling ist erwacht" durch den Männerchor Nieder-Uster: Durchwegs das gleiche sorgfältige Studium, und ganz besonders fiel die ausgezeichnete Aussprache angenehm auf bei beiden Vereinen, die — wenn wir nicht irren — auch unter der gleichen Direktion stehen. Der Männerchor Maur trat mit dem Heim'schen „Im Jubel der Fanfaren" auf den Plan. Ein wahrhaft unheimlich tapferes Völklein da über dem See drüben! — Nur schade, daß die Heldenschar etwas zu klein war für dieses kampfgemute Lied, das eine sehr große Tonmasse erfordert, wenn es wirken soll — Das vom Töchterchor Egg ungemein weich vorgetragene Lied „Des Kindes Frage" erlebte in der Festhütte in Dübendorf seine Erstaufführung. Ob diese nun das richtige Lokal für das überaus duftige Lied, das den um das Gesangsleben unserer Nachbargemeinde Egg sehr verdienten Hrn. Lehrer Hoppeler zum Komponisten hat, gewesen sei, möchten wir bezweifeln. Ein solches Lied gehört in ein geschlossenes Lokal, zum Beispiel in eine Kirche. Der Text ist eine sehr zum Herzen sprechende Dichtung, und der Komponist hat den richtigen Ton dafür gefunden, besonders scheint uns die Einfügung eines stimmungsvollen Solos eine glückliche Idee gewesen zu sein, und es machte den Eindruck, als ob dieses Solo speziell für die Sängerin komponiert worden sei, die es mit ihrer weichen und modulationsfähigen Stimme in so zum Herzen gehender Weise vorgetragen hat. Wir würden uns freuen, dieses Lied bei dieser Besetzung einmal in unserer Tonhalle hören zu können.

Der Gemischte Chor Uster trug das Billeter'sche „Im Maien". Nun bricht aus allen Zweigen das maienfrische Grün; recht nett vor, nur wollte uns scheinen, als ob gleich im Anfang sich einige harmonische Unreinheiten bemerkbar gemacht hätten, es dürfte dies wohl die Folge der etwas undeutlichen Intonation gewesen sein. Die Stimmen zeugten sonst von guter Schulung, auch die Aussprache war gut. Eine sehr schöne Leistung war das „Schweizerheimweh" v. Maier, vorgetragen vom Männerchor Egg. Diese Nummer war unstreitig eine der besten des ganzen Konzertes. Die Auswahl des Liedes muß in Hinsicht auf die frischen Tenöre, über welche der Verein verfügt, als eine sehr glückliche bezeichnet werden. Die Ausführung war in Bezug auf harmonische Reinheit, gute Aussprache, rhythmische und dynamische Ausarbeitung eine vorzügliche. Möge der rührige Verein rüstig weiterschreiten auf der betretenen Bahn. — Der Töchterchor Dübendorf brachte den Attenhofer'schen „Frühlingsgruß" recht schön zur Ausführung. Allerdings schien das Lied einigen Damen vom Sopran etwas hoch zu liegen.

Da alle Vereine so gute Leistungen boten, durfte man von „Sängerbund" Uster wohl mit Recht etwas Gediegenes erwarten. Dem Schreiber dieser Zeilen könnte man es als Parteilichkeit auslegen, wenn er als Sängerbündler die Leistungen desselben allzusehr rühmen wollte, er beschränkt sich deshalb darauf, hier das Urteil des Berichterstatters des „Freisinnigen" wiederzugeben: „Eine in jeder Hinsicht und nach allen musikalischen Anforderungen brillante Leistung, wie das übrigens von diesem trefflich geschulten Vereine nicht anders zu erwarten war. Die Auffassung, ganz dem Texte gemäß, sowie die Ausführung, namentlich in rhythmischer und feiner dynamischer Hinsicht ausgezeichnet. Wohl die beste Leistung des ersten Konzertes, die selbst einem Kunstgesangvereine alle Ehre gemacht hätte."

Zum Schluße wollen wir nicht unterlassen, dem rührigen Bezirksdirigenten, Hrn. Lehrer Boppeler in Egg für seine große Mühe, dem Dekorationskomite für die teilweise sehr gelungene Ausschmückung der prächtigen Festhütte, sowie ganz besonders der Bevölkerung von Dübendorf für den herzlichen Empfang der Gäste und für die hübsche und geschmackvolle Dekoration des Festdorfes unsere Anerkennung und unsern besten Dank auszusprechen.

Auch an auswärtigen Festen sind unsere Sänger und Turner mit Ruhm bekränzt worden.

Mit der Gründung von Lesegesellschaften wurden wiederholte Versuche gemacht, die aber teilweise in den allzu laxen Aufnahmsbedingungen schon den Keim zum Verfalle trugen. Der Abhaltung öffentlicher Vorträge stand oft die Schwierigkeit, solche gemeinverständlich zu gestalten, und der Mangel an geeigneten Rednern im Wege.

Dübendorf hat zwei Gasthöfe und durchschnittlich zwölf bis vierzehn andere Wirtschaften, wovon je eine im Gfenn, Schloß, Gehren, Gokhausen, Stettbach und Neugut, zwei im Weil und die meisten übrigen im Unterdorf und in der Nähe der Bahnstation liegen. Im Jahre 1823 gab es außer den zwei Gasthöfen drei Wirtschaften, 1854 deren dreizehn.

1886 kam in Dübendorf eine Wirtschaft auf 160 Einwohner, im ganzen Kanton eine Wirtschaft auf 110 Einwohner.

Es darf nicht unerwähnt bleiben, daß auch die menschenfreundlichen Bemühungen der Alkoholgegner in Dübendorf Eingang gefunden haben. Ein Verein vom blauen Kreuz versammelt sich allmonatlich in einem Schulhaus.

22. Kapitel.

Allgemeine Statistik.

Die Bevölkerung von Dübendorf betrug

im Jahr	1658	595 Seelen
" "	1771	1244 "
" "	1797	1450 "
" "	1836	1857 "
" "	1850	2018[1] "
" "	1870[2]	2456 "
" "	1880	2582 "
" "	1885	2559 "
" "	1890	2409 "

Die Bevölkerung des ganzen Kantons Zürich betrug

| im Jahr | 1634 | 79,575 Seelen |
| " " | 1850 | 251,576 " |

Nach Pfarrer Hochholzer waren 1658 die 595 Einwohner auf 100 Haushaltungen verteilt. Kommunikanten waren 200.

Im Gehren fanden sich drei Haushaltungen, in Gotkhausen zwei, in Stettbach zwei, in Hermikon fünf, im Gfenn sechs.

[1] wovon 1596 Gemeinds-, 375 Kantons-, 30 Schweizerbürger, 17 Ausländer. Civilgemeinde Berg 205, Civilgemeinde Dübendorf 1502, Civilgemeinde Gfenn 210, Civilgemeinde Hermikon 101.

[2] 2401 Protestanten,
  38 Katholiken,
  17 Sektierer.
  2456

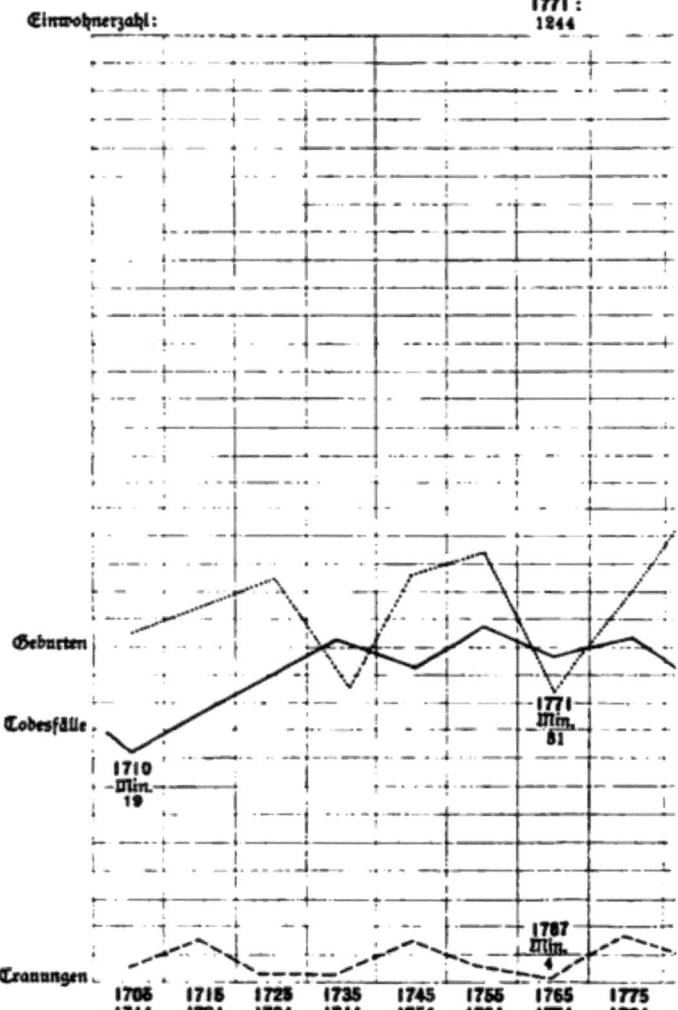

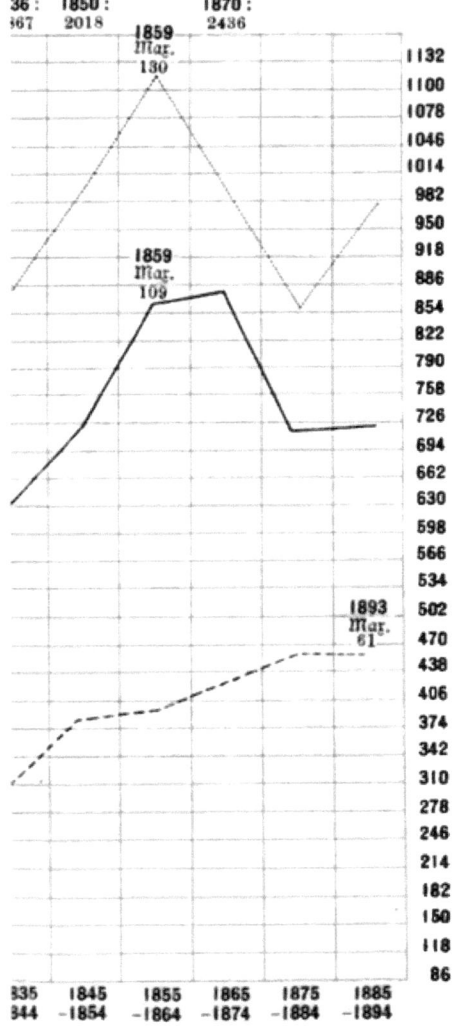

In der ganzen Gemeinde, Gfenn und Tobelhof inbegriffen, fand Pfarrer Hochholzer 22 Bibeln nebst einigen andern Erbauungsschriften.

Von den damaligen 39 Geschlechtsnamen haben sich bis heute 22 erhalten, nämlich Uttinger, Bantli, Bertschinger, Denzler, Fenner, Gibel, Goßweiler, Graf, Gut, Kuhn, Meier, Müller, Ochsner, Pfister, Reutlinger, Schenkel, Staub, Stettbacher, Trüb, Weber, Wegmann, Zollinger.

1704 begann Pfarrer Waser die Civilstandsregister, die von seinen Nachfolgern bis 1875 fortgesetzt wurden. Dieselben können zwar nicht auf absolute Genauigkeit Anspruch machen, lassen aber in Verbindung mit den Akten der jetzigen Civilstandsbeamten deutlich genug erkennen, wie im Laufe von mehr als 180 Jahren die Bevölkerungszahl sich geändert hat.

Die vorstehende Kurventafel veranschaulicht die Bevölkerungsbewegung im Laufe von 170 Jahren, in 10jährige Perioden zusammengezogen.

Bei der Geburtskurve sind die bedeutenden Schwankungen im vorigen Jahrhundert gegenüber dem fast stetigen Ansteigen in der ersten Hälfte des 19. Jahrhunderts bemerkenswert. Ein ähnliches Verhalten zeigen die beiden andern Kurven, wenn sie auch unter sich und mit der ersten nicht parallel gehen. Das Minimum der Geburten im Jahr 1771 ist ohne Zweifel auf die damalige Teuerung zurückzuführen.

Die Trauungskurve zeigt weit geringere Schwankungen als die beiden andern. Daß sie im 19. Jahrhundert namentlich der Geburtskurve an Steilheit bedeutend nachsteht, scheint auf eine größere Fruchtbarkeit oder dauerhaftere Gesundheit der Frauen im zweiten Zeitraum unserer Zusammenstellung hinzuweisen. Jedenfalls ist sie eine günstige Erscheinung für dieses Stadium in der Entwicklung der Gemeinde.

Die Schwankungen der Totenkurve sind einerseits nach der gleichzeitigen Geburtenzahl, anderseits nach dem Auftreten epidemischer

Krankheiten zu beurteilen, worüber hier noch einige Bemerkungen Platz finden mögen.

Wir finden die größte Sterblichkeit im Jahr 1709 mit 106 Todesfällen, wovon 55 auf rote Ruhr, 25 auf Pocken fallen. An letzterer Krankheit starben noch im Jahr 1800 24, 1801 sogar 27 Personen, ein Verhältnis, das seit Einführung der Kuhpockenimpfung nie mehr vorgekommen ist. Auch die rote Ruhr gehört heutzutage zu den Seltenheiten.

Der Typhus, ein unvermeidlicher Begleiter aller Kriegszüge, fand 1802 und 1814 größere Verbreitung. Späterhin trat er mehr in vereinzelten Fällen auf.

Die Cholera wurde im September 1867 von Zürich aus eingeschleppt und forderte mehrere Opfer. Für Krankenpflege, Isolierung und Begräbnis erwuchsen der Gemeinde 300 Fr. Kosten.

Mit den gewöhnlichen Kinderkrankheiten: Scharlach, Masern und Keuchhusten verhält es sich in Dübendorf nicht schlimmer als anderwärts. Sehr oft ist ihre weitere Verbreitung die Folge von Leichtsinn und Neugierde.

Der Bezirk Uster zählte auf 33,202 Jucharten Landes
im Jahr 1634 . . . 4,570 Einwohner
" " 1850 . . . 17,005 "

Im Kanton Zürich ist dieser Bezirk der einzige, dessen Bevölkerung von einer Volkszählung zur andern in den Jahren 1634—1850 sich nicht vermindert hat. Nach der durchschnittlichen Jahreszunahme nimmt er die dritte, nach der Bevölkerungsdichtigkeit und Geburtenzahl (1 : 33) die vierte Stelle ein.

Von 1870 bis 1886 hatte Dübendorf

		Maximum	Minimum
647 Geburten	= 39 jährlich	1877 : 77	1884 : 41
192 Trauungen	= 18 "	1876 : 24	1885 : 10
537 Sterbefälle	= 49 "	1885 : 62	1881 : 37

Es zeigt sich also ein ziemlich konstantes Verhältnis zwischen der Zahl der Trauungen im einen und der Geburten im darauffolgenden Jahre. Auch ist leicht zu begreifen, daß in einer Periode zahlreicher Todesfälle sowohl Lust als Gelegenheit zur Eheschließung Abbruch erleiden.

Die Baumzählung von 1880 ergab in Dübendorf:

	Hochstämme	Spaliere (Formbäume)
Apfelbäume	11,886	63
Birnbäume	4,374	105
Kirschbäume	327	—
Zwetschgen- und Pflaumenb.	932	—
Nußbäume	137	—
Andere Sorten	21	—

1886 besaß Dübendorf 347 landwirtschaftliche Gütergewerbe, wovon 68 weniger als 40 Aren, 133 2—5 Hektaren und nur die 3 größten 10—20 Hektaren umfaßten.

Der Viehstand betrug 1886 am 21. April:

Pferde	Rindvieh	Schweine	Ziegen	Bienenstöcke
27	1156	80	125	206

1855 wurde bei Anlaß einer Straßenanlage im Oberdorf für den Quadratfuß Land 7 Rappen bezahlt, 1858 an die Gothauserstraße 3—3½ Rappen, 1860 an die Meierhofstraße 4 Rappen.

Schlußwort.

Die Lage der Gemeinde und die Beschaffenheit ihres Bodens begünstigt die wichtigsten Erwerbszweige. Landwirtschaft ist von je her mit gutem Erfolg betrieben worden, wenn die Gaben der Natur mit Fleiß, Sparsamkeit und Einsicht ausgebeutet wurden. Die Wasserkräfte der Glatt ermöglichen jede Art von industrieller Unternehmung, und Kraftabgabe für kleinere Betriebe steht auch von Seite der Wasserversorgung aus den Bergquellen in Aussicht.

Die eigene Eisenbahnstation, sowie die Nähe der Nordostbahn und der Stadt Zürich erleichtern die Zu- und Abfuhr von Waaren aller Art.

Es bedarf also nur des guten Willens um unter solchen Verhältnissen sein Auskommen zu finden. Zu diesem guten Willen gehört aber nicht allein die Liebe zur Arbeit, sondern auch die Genügsamkeit. Man sollte nie vergessen, daß das wahre Lebensglück weit weniger von der Menge des verfügbaren Geldes, als von einem weisen Gebrauch desselben bedingt wird.

Zufriedenheit kann auch in der ärmsten Hütte wohnen, und Reichtum erfreut nur, so lange er die Pflichterfüllung fördert und nicht der Genußsucht zum Opfer fällt.

Das Interesse an den öffentlichen Angelegenheiten ist in Dübendorf durchschnittlich nicht geringer als an andern Orten, und die Gemeinde findet sich fortwährend sowohl in den Bezirksbehörden als im Kantonsrat vertreten.

Die Mischung von landwirtschaftlicher und industrieller Bevölkerung giebt Gelegenheit, alle Fragen des Gemeinwohls ins rechte Licht zu setzen und sowohl dem übereilten Fortschritt als dem starren Widerstand gegen jede Neuerung entgegenzuwirken. Dazu müssen sich freilich die Anhänger der einzelnen Richtungen nicht feindselig gegenüber stehen, sondern einander in ihren Bestrebungen teils mäßigen, teils ergänzen.

Eine weitere Bedingung zum Gedeihen der Gemeinde liegt in der Wahl der Beamten. Je mehr dabei auf Tüchtigkeit uud Pflichttreue gesehen wird, desto eher dürfen die Gewählten sich die Kontrolle über ihre Thätigkeit gefallen lassen und werden auch in den schwierigsten Fällen auf den Beistand derer zählen können, die in der Verwaltung jedes Gemeinwesens vor allem aus Ordnung verlangen.

Alphabetisches Register.

	Seite		Seite
Adlisberg	1	Brunnenwesen	139
Advokaten	110	Bubigheim	38
Äpli	54	Buhn	6
Ärzte	181		
Äsch	1, 6, 138	Centralkomite	110
Alemannen	11	Cholera	190
Altertum	11	Civilgemeindsprotokolle	90
Altorfer	54	Collin	21
Arbeiten, öffentliche	136	Detailhandel	181
Arbeitschule	135	Diebold	21, 41
Armenwesen	109	Doppeladler	164
Ausscheidungsurkunde	104	Dübelstein	1, 56, 58, 68
Bäche	8, 145	Egg	35
Balduin	59	Ehgaumer	28
Basler	33	Eichholzstraße	138
Bauamt	16	Eid	29, 72
Bauwesen	136	Einzuggelder	46, 98
Beroldingen	60	Eisenbahn	92
Beschäftigung	177	Erdarbeiter	179
Besoldungen	108	Erratikum	4
Bettli	1, 4	Escher	34, 58
Bezirksstatthalter	89	Ewälte	63, 65
Biberlin	54	Exerzierplatz	105
Bilgeri	33	Fabriken	180
Boden	2	Fantyli	60
Bonstetten	34	Feuerschaden	149
Bote	92	Feuerwehr	152
Brandassekuranz	18	Finanzwesen	96
Bremi	21, 159	Findlinge	4
Briefporto	93	Fischerei	77
Brosem	33	Flurwesen	106
Brückenbau	136	Forstordnung	42

	Seite
Fortbildungsschule	134
Fraumünster	34
Friedensrichter	89
Fries	20
Frohndienst	92
Furrer	110
Geburten	139
Gehren	1, 68
Gefängnis	134
Gemeindammann	89
Gemeindgut	101, 111
Gemeindrat	89
Gemeindsrechnungen	102
Gemeindsversammlung	89
Geßner	21, 28
Gesundheitspolizei	95
Gewitterschaden	149
Gfenn	1, 29, 59, 68, 135
Gibel	21
Giel von Glattburg	54
Glatt	1, 9, 50, 116
Glattordnung	22
Gletscher	3
Glocken	18, 19
Göldli	34, 57
Gofhausen	1, 29, 68, 137
Greifensee	1, 92, 133
Handlehen	90
Handwerker	179
Hebammen	95
Helvetik	103, 105
Hermikon	1, 29, 55, 68
Hertegen von Hinweil	35
Hochholzer	20
Hofe	140, 104
Hünenberg, Bertha v.	61
Hufeisen	104
Hug	21, 28, 30, 34
Hydranten	147
Internierung französ. Truppen	100
Irwingianer	22

	Seite
Jslenschmid	34
Italiener	22
Kämmaten	1, 95, 68
Kalkstein	2
Kanzel	18
Kappel	136
Katholicismus	22
Keibenbübl	11
Keller	11, 34
Kiesel	2
Kirche	15
Kirchendienst	28
Kirchenfenster	17, 19
Kirchengutsrechnung	50
Kirchenraub	133
Kirchensatz	23
Kirchensteuer	50
Kirchenuhr	15
Kirchhof	18, 19
Kirchturm	18, 18
Kleinkinderschule	135
Korbflechter	179
Kornamt	16
Kräntler	178
Krankheiten	140
Kriegswesen	155
Küsnacht	35
Kusen, Kuni von	34
Kyburg	65, 135
Candolt	92
Landwirtschaft	122
Leepünt	71, 99
Leutpriester	33, 35, 136
Liebesgaben	151
Löffel	33
Loore	1
Männerchor	184
Maneß	35
Manz	21
Marschall	33

	Seite		Seite
St. Martin	33	Schulwesen	112
Mediationszeit	89	Schwarber	61
Methodisten	22	Schwarzmaurer	54
Mezgrecht	106	Schwend	33, 34, 57
Militärwesen	155	Schwerter	20
Molasse	3	Schwiderus	57
Moränen	4	Sekelamt	16
Mülner	33	Sekundarschule	132
Municipalität	89	Sernifit	2
		Sodbrunnen	9
Niedergelassene	89	Sonderbundskrieg	165
		Sonntagschulen	135
Oberdorf	1, 29, 164	Spöndli	21
Obervögte	85	Spritzenhaus	154
Ölhafen	20	Stagel	22
Ötenbach	54	Statistik	188
Ofen	80	Stettbach	1, 63, 158
Öffnung	63	Steuerwesen	95
Orgel	19	Straßenwesen	137
		Straumann	21
Pellikanus	21		
Pfarrhaus	18, 19, 150	Telegraph	95
Pfarrwahl	50	Telephon	95
Pfrundgüter	49	Tengen, Joh. v.	53
Pocken	190	Tiefweg	3
Polizei	94	Tobelhof	84
		Todesfälle	189
Quellen	7	Torf	9
		Trauungen	189
Rapperswyl	53	Truppenzusammenzug	169
Ratsmanuale	16	Tuobilo	11
Reformationsfest	31	Tyg	57
Reichenau	33, 34	Typhus	190
Reichsvogt	13, 63		
Reisrödel	159	Überschwemmungen	146
Restaurationszeit	89	Unterdorf	1, 29, 158
Revolution, französ.	13, 88, 155	Untervögte	44
Rottmeister	155	Unterwaisenamt	29
Ruhr	190	Urbar	59
		Urteilsprotokolle	45, 85
Sagentobelbach	148		
Schießverein	168	Verfassung	44
Schlegel	20	Vergnügungen	183
Schmid	20, 33	Verwaltungskammer	89
Schön	52		

	Seite		Seite
Vogel	21	Wenzel	64
Volksfeste	182	Widum	52
		Wirtschaften	182
Wahlen	50, 91	Wirz	21, 133
Wald	9	Wohnungen	136
Waldmann	15, 53, 58, 64	Wolfleibsch	55
Waser	21	Worg	54
Wasserversorgung	140		
Weber	21, 165, 182	Zehnten	22
Weberei	139	Zingg	20
Weil	6, 29	Zuchtochsen	133